사랑 노래, 그대에게 번지다

차재형

북트리

사랑노래, 그대에게 번지다

초판 1쇄 인쇄 2025년 10월 17일
초판 1쇄 발행 2025년 10월 31일

지은이 차재형
펴낸이 김지홍
디자인 최이서

펴낸곳 도서출판 북트리
주소 서울시 금천구 서부샛길 606 30층
등록 2016년 10월 24일 제2016-000071호
전화 0505-300-3158
팩스 0303-3445-3158
이메일 booktree11@naver.com
홈페이지 www.booktree11.co.kr

정가 12,000원
ISBN 979-11-6467-197-7 (03810)

- 이 책은 저작권에 등록된 도서로 저작권법에 따라 무단전재 및 복제와 인용을 금지합니다.
- 이 책 내용의 전부 및 일부를 이용하려면 저작권자와 도서출판 북트리의 서면동의를 받아야 합니다.
- 잘못된 책은 구입하신 서점에서 바꾸어 드립니다.

사랑 노래, 그대에게 번지다

차재형

북트리

글을 열며

연가(戀歌), 사랑가, 사랑 노래

우주 가운데 덩그러니 놓인 푸른 떠돌이별에서 한 사람을 만났습니다.

그 만남은 겨울 신새벽, 정수리에 쏟아붓던 찬물의 냉기처럼 저를 전율케 했고, 처음 본 순간 그 사람이 내 영혼의 단짝이며, 동반자, 반려자임을 직감으로 알았습니다.

첫 만남 이후 서로의 거리를 한뼘 한뼘 줄여 갔고, 시난고난한 일들도 참 많았습니다.

볼 때도, 보지 못할 때도 늘 설레고 기뻤고,

때로는 든든한 반쪽이 되어 주지 못하는 현실에 가슴 아프기도 했고,

때로는 손을 맞잡고, 서로를 보듬고 함께 할, 함께 해야 할 '우리'의 내일을 꿈꾸기도 했습니다.

그렇게 우연처럼 만나 운명으로 묶이고, 둘이서 하나의 삶을 살게 되었습니다.

둘이 같이할 수만 있다면 세상 모든 어려움들도 한낱 나무를 흔들고 가는 미풍에 불과할 거라고 생각했지만, 오랜 시간의 '다름'으로 인해 별것 아닌 것으로 토닥거리기도 하고, 울기도 하면서 조금씩 조금씩 우리는 닮아갔습니다.

 그렇게 서로가 서로를 닮아가는 시간 속에서 하늘의 별보다 빛나고, 세상에서 가장 아름다운 보석보다 값진 아이들을 얻고, 기르면서 '우리'는 '우리들'이 되었고,
 세상 온갖 풍파가 닥쳐와도 맞잡은 손 더 꼭 쥐고 한 해 한 해 살아온 지 스물다섯 번의 겨울과 봄과 여름이 지나고 다시 가을을 맞이했습니다.

 스물다섯 해의 계절이 돌고 도는 동안
 '우리'는 더 단단해졌고,
 '우리'는 더 애틋해졌으며
 '우리'는 더 사랑하게 되었습니다.

 '우리'로 살아온 지난 스물다섯 해는 제가 이 지구별에 찾아온 이유가 되었고,
 '우리'는 여전히 현재진행형입니다.

 '우리'는 우리의 '오래된 미래'이고 싶습니다.

2025년 가을, 尋牛齋에서

목차

1부
사랑가(Since 1996~2000)

사랑가1 - 문신	12
사랑가2 - 직녀에게, 初	14
사랑가3 - 각인	16
사랑가4 - 벌	17
사랑가5 - 비의 사랑 1	18
사랑가6 - 비의 사랑 2	20
사랑가7 - 소심증	21
사랑가8 - 예감	22
사랑가9 - 친전	24
사랑가10 - 침묵의 사랑	26
사랑가11 - 겨울 친전	27
사랑가12 - 겨울 노래 1	28
사랑가13 - 겨울 노래 2	30
사랑가14 - 아름다운 절망	32

사랑가15 - 연(緣)	34
사랑가16 - 고백 1	36
사랑가17 - 고백 2	37
사랑가18 - 절름거리며 다가서는 세월	39
사랑가19 - 반지, 그 사랑의 약속	41
사랑가20 - 너에게……	42
사랑가21 - 헌화가	43
사랑가22 - 영지(影池), 아사달의 노래	44
사랑가23 - 떠돌음의 노래	46
사랑가24 - 바람의 노래	47
사랑가25 - 종이학	49
사랑가26 - 반려의 노래 1	50
사랑가27 - 반려의 노래 2	51
사랑가28 - 직녀에게, 終…	53
사랑가29 - 결혼	55

2부

사랑 노래(Since 2000~2025)

우연	58

각인	60
그 사람	61
그날	62
그대 만남은	63
그대가 있어	65
그대라는 빛	67
그대에게 번지다	69
길을 잃다	70
꽃이 피고, 지고, 다시 피고	71
나의 시간은……	73
나의 일생은	74
너로 하여	75
담쟁이덩굴 1	77
담쟁이덩굴 2	79
동백꽃	80
매화, 그리움	81
봄날, 매화향에 스미다	83
별	84
불가역적 반응	86
불치병	87
비 오는 날	89

뿌리	90
사랑	91
사랑아, 사랑아	92
사랑은	93
사랑한다는 것은……	94
서설(瑞雪)	96
선물	98
소소한 일상 1	99
소소한 일상 2	101
소(沼)의 전설	103
쉴 곳	104
시간	105
詩를 쓴다는 것은	106
시작	107
안부	108
옹달샘	109
작은 연못	110
저울추, 기울어짐에 대하여	111
채움, 또는 빈그릇	113
치통	115
파문	116

함께	117
다독다독	118
직녀의 노래 - 견우에게	119
신부에게	120
아름다운 나의 신부에게	122

3부
戀歌, 짧은 사랑 이야기

사랑과 영혼 - 어느 노부부 이야기	125
별	128
사랑은 소유가 아님을……	132
오랜 기다림의 끝	134
외사랑	138
절름발이 사랑	142
처음 그 느낌처럼…	148
핏빛 사랑의 노래……	151
탑을 불태운 간절한 사랑	154

글을 닫으며	159

1부

사랑가
(Since 1996~2000)

사랑가1 - 문신

네 이름 석 자를
맑디맑은 핏살 속에 새기운다.
진홍의 고통
수도 없이 인내하며
아승지겁
얽히고 설키운 윤회의 발자취를 흘러
마침내, 정결한
너와 나의 두 영혼
억겁 인연의 굴레에 전율하며
고개 숙이는 시간이여!
기나긴 반려의 세월로 예정되어진
풀리지 않는 매듭이여!
투명하게 이슬지는 무언의 환희
그 찬란한 해후의 시간을
안으로만 안으로만 갈무리하는
어떤 친전……
헬 수 없는 커다란 슬픔이라도
바람 흘리타는 간절한 그리움일지라도

내 작은 혼에 불을 놓아

너의 이름,

뜨거운 핏살 속 깊이깊이 새기우며

이 불면의 밤

눈 떠 지샌다……

사랑가2 - 직녀에게, 初

손톱 끝에

봉숭아 꽃물 고웁게 들이면

첫눈 오는 날,

너를 만나리라 하였다.

수도 없는 기다림 속에

손톱 끝엔

붉은빛 그리움이 서리서리 멍 흐르고

가슴엔 못이 박혀

망부석이 되었는데

행여 하는 설레임에

남몰래 물들였다 지우는

옛사랑의 기억.

견우가 먹이던 암소는 수도 없이 새끼를 치고

직녀의 한숨 섞인 베틀북은

타는 그리움 올올이 흩어 은하수를 메우는데

가슴 시린 오작교는

돌이 되어 가라앉고

망각의 세월들은 그리움만 키우는데

알고 싶구나, 연인아!

너 오는 날,

손톱 끝으로

핏빛 서러운 외사랑이 눈물져 흐르는가……

사랑가3 - 각인

그대를 내 안으로 들인 후,
내 모든 것은
그대를 향해 줄달음치고
내 혈관 구석구석까지
그대의 숨살로 들떠서네.

그대를 사랑하는 건
오랜 전생의 연으로 예정되어진
나의 숙명.

그대를 알아가는 세월
내
한없는 헌신과 믿음
맑디맑은 참사랑으로
그대를 보듬네……

사랑가4 - 벌

그대를 내 안으로 들인 후

억겁 인연으로

벌을 받아

세월로 쌓여가는 그리움 되고

맑디맑은 꿈살 틔운

가난한 시간 속에

사랑은

눈물로 영글어……

그대

투명한 부르심,

천지를 사위는 핏빛 사랑가로 흩돌다

영겁

사랑의 굴레로

반려의 사슬을 엮으시다……

사랑가5 - 비의 사랑 1

먹장같은 구름을 가슴에 몰아

오랜 세월을 갈마룬

그대 향한 보고지움이

비 되어 내리는 날,

시간 위로 조락하는

마른 잎은

이 세상에 자취도 없어지고

뽀얀 물보라 속에 흐르는

불가사의한 전생의 예감은

감당치 못한 큰 물줄기로

가슴에 흘러든다.

노도 없이, 닻도 없이

망망한 상사의 큰물 우흐로 흩돌던

나의 물빛 보고지움은

내 영혼의 빈터에 가득 뿌려진

그대의 숨살을 모아

고단한 삶을 건네는

반려의 노둣돌을 짓고

하늘로 사무치는 나의 기도는

온 삼라의 시간을 눈물로 풀어

그대의 가슴에 가멸지게 스민다.

아득한 별리의 세월,

오래도록 울음 울던

내 인고와 불면의 언어들은

봇물처럼 흘러 터지는

청량한 비의 노래를 부르며

겨울로 치달아가는 만추의 창을 거세이 두드리고

소리 없이 빗물 속에 흘러

내 혈관 깊은 곳에 도랑지는

그대를 보듬는다……

사랑가6 - 비의 사랑 2

비에 젖은 세상은 온통 흐린 잿빛이다.
우울한 재즈 선율에 실려
아득한 그리움의 한 자락을 부여잡고서
내 곁에 늘 커다란 공허로 남아 있는
그대의 빈자리로 하여
오늘도, 나는
온전히 취하지 않고서는 그대를 부를 수 없다.
밤이 이슥도록
창을 열어두고 세상에 적시우면
행여 그대,
내 시린 상사(相思)의 뒤안길을 더듬어
내게로 오는가!
그대 오는 소리로 온밤을 새우고
불면에 지친 상심을 다시 가슴에 묻으면
세상천지에 그대는 간 곳이 없고
비 개인 후의 맑디맑은 이슬방울이
내 가슴에 흥건히 묻어
그대에게 젖어 든다……

사랑가7 - 소심증

네 앞에 서면

나는

소심증 환자가 된다.

수도 없는 사랑의 언어들을 연습하고도

정작, 너를 만나면

나는 백치가 되고

오랜 시간을 연습한 사랑은

침묵으로 가라앉아 버린다.

말로 하지 않아도

나의 소박한 사랑 전해지련만

기다림의 무게는

나를 더 힘들게 해.

가까이 다가설수록

썰물로 달아나는

너는, 연인아……

사랑가8 - 예감

그대가 그리운 날은 창가에 선다.

세상은,

유리창 밖으로 나를 갈라서고

억겁 세월을 디뎌 달려가도 이르지 못할

피안의 저쪽으로

그대는

여릿한 흔적을 흩뿌리며 멀어지는데

천지 가득 아픈 금이 그이도록

목 놓아 울음 울던, 내 혼은

삼세에 잇닿은 발원으로

노둣돌을 지어

피안 어딘가에 있을 그대를 찾아

허위허위

이승 한 자락 끝을 맴돌다

발끝으로 전율하며 젖어 드는

인연의 손짓에 흐느끼며

그대와 나의 합일을 예감한다.

그리하여,

천 년을 매듭진

섧디 설운 나의 보고지움은

피안의 강을 건너

그대를 만난다……

사랑가9 - 친전

나의 시간엔
그대의 가쁜 숨살이 묻어있다.

헤아릴 수 없으리만치 아득한 전생의 해후로
아득한
이승의 빈 한 쪽 끄트머리를
수도 없는 불면과
알 수 없는 신열에 몸을 뒤척이다
마침내,
내 몸의 왼 핏줄기가
그대를 향해 흘러 쳐 들떠서는 설레임으로
그대와 내가 만나는
반려의 친전.

혼탁한 미망의 휘뜬 강물 위를
끝없는 이해와 헌신과 맑디맑은 한 갈래 참사랑으로
편주를 지어
아흔아홉 굽이

거칠게 몰아 붓는

시방사바의 격랑을 훌훌 털고서

그대를 내 안에 들이면서부터

아리게 앓아 흘린

토혈하는 상사의 출혈을

그대를 향한

한 자락 정결한 기도로 깁고

천년 같은 무게로 고여 드는

나의 그대로

내 혼의 뜨락에 불을 놓아

죽음보다 더 향기 짙은 가난한 사랑으로

높으신 그대 전에

기꺼이 드리는 소신의 공양

구천에 사무쳐 흐느끼는 그 요원한 불길로

그대를 흥건히 적시고

시방, 그대와 나는

애증의 피와 살을 태워

혼을 섞는다……

사랑가10 - 침묵의 사랑

부르지 않아도
이미
영혼의 모음으로 다가서는
너.

이승
어느 끄트머리엘 가면
너의 흔적
찾을 수 있을까……

끊임없이 신음하며 닮아가는
'이승의 세월'.
우리
타는 그리움의 언어들을 아껴 두어야 하리.

수도 없는 시간을 자리매김하며
떠도는 나의 빈자리
끝없는 바람으로 흐르는
너……

사랑가11 - 겨울 친전

눈 내리고 시린 밤에는

손끝에 입김 불어 편지를 쓰자.

삼라에 가득한

온갖 수식의 언어들을 잠재우고

그저

……

'그립다'고만 쓰자.

천년백설 속

한줄기 따스한 가슴의 향기를 접어

천 년 동안의 긴 고독을 깨우고

내 물빛 머무르지 않는 사랑으로

이승 그리움의 세월

네 홀로인 삶의 우체통에

영원히 돌려지지 않는

발신인 불명의

보랏빛 사랑가를 흘리 쓰자.

사랑가12 - 겨울 노래 1

또다시
천지는 흔들리누나……
너로 인해 흐르는 시린 설움
모두어
눈송이처럼, 하얀 눈송이처럼
네게로 가고 싶다.

목젖까지 치밀어 오르는
가슴 그리운 언어들을 겹겹이 쟁이고
한줄기
흐르는 바람의 모습으로
네 곁에 다가서서
머뭇거리지도 말고
떠돌지도 말고
아슴지겁
긴 기나긴 인연의 핏살
뜨겁게 보듬으며
그냥,

네 하얀 생애 속에 뛰어들어

따스한 반려의 겨울

천년백설이고 싶다.

사랑가13 - 겨울 노래 2

눈이 내린다.

시린 겨울 노래 한 소절을 고웁게 흩으며

하얀 시간이 영글고

미처 정리하지 못한

어지러운 원고 뭉치 같은

진한 아쉬움들이

켜켜이 가슴에 들어박혀

계절의 타다 남은 앙상한 재로 쌓인다.

겨울의 뜨락은

동면의 숨살을 가멸지게 호흡하고

퇴락한 고목은

깊은 시름 속

풀빛 기억을 더듬는다.

그대를 향한

나의 물빛 그리움은

어느 맑은 신새벽,

온 천지에

하얗게 뒤덮인 천년백설 같은

놀라움과 그리움을 안고

시시로 신음하며 닮아가는 그리움의 세월로

상사의 병을 앓는다.

아궁이에 장작불이 바알갛게 넘실거리는

겨울 한 날,

그대를 향한 나의 설레임은

여린 그대의 영혼을

아늑하게 얼싸안으며

가슴 가득 질펀히 고여오는

작은 사랑을 감당치 못해

나는 이 겨울,

시린 별빛과 함께

시인이 된다.

사랑가14 - 아름다운 절망

나는
너로 인해 아름다운 절망을 배운다.
수도 없는 시간을 걸어
생의 질곡을 건너고
끝도 없는 육도의 세상을 바람으로 흩돌아 가다
어느 날, 문득 깨달아지는
낯익은 사람.

늘 곁에 있어도
항상 없는 듯 빈자리의 바람으로 흐르고
늘 찾으려면
항상 멀리서 자리매김하며 다가오지 않는
나의 혼 같은 존재……
바로 너.

더 가까이 가고 싶은 마음
시간 속에 질펀히 쌓여도
언제나, 너의 주위로만 맴돌아 가는

내 핏빛 절망의 노래.

그 처연한 노랫자락 한 가운데

너를 묶어 세우고

내 가쁜 사랑의 숨살로 너를 부르면

너, 내게로 올 수 있을까……

사랑가15 - 연(緣)

멀리 있어

더욱 그리운 너를

나는,

'사랑'이라 하겠다.

네 사랑이 있어 더욱 윤택한

나의 삶을, 나는

'기쁨'이라 하겠다.

반쪽 날개 새의

사랑의 전설을 되새기듯

보이지 않는 핏줄기로

견고하게 묶여진

맑디맑은

한 갈래 참사랑을, 나는

'우리'라 하겠다.

그리하여,

하나로 매듭진 너와 나의 섞임을

나는,

'동반'이라 부르며

그 알 수 없는

길 위에

진한 내 핏빛 사랑으로

흥건히 적시 운다.

그것이

나의 사랑법이다.

사랑가16 - 고백 1

무거워라, 무거워.
그대 이름 세 글자.
하늘 같은 무게로 가슴을 짓누르고
바다 같은 넓이로 질펀히 젖어오네.

무거워라, 무거워.
그대 이름 세 글자.
삼천겁 인연 속을 바람으로 스쳐 가다.
숙명의 굴레로
내 생의 창을 닫아걸고
심장을 뚫어 버리는
반려의 사슬을 엮었네.

온몸을 옭아 드는 약속의 사슬로 하여
나는,
이 세상 온 삼라에 가득한
떠돌음을 잠재우고
그대를 위한
한 가닥
순결한 사랑의 언어를 지었네.

사랑가17 - 고백 2

혼자 눈뜨는 아침

창가로 스며드는 미세한 햇살 속에

밤새 쌓여있던

우울한 침묵이 기지개를 켜고

나는, 또다시 어제를 벗는다.

청랑한 신새벽

묵은 밤의 허상을 찬물에 담그면

손끝으로 저리듯 다가서는

서늘함의 기억.

아마도……

그대를 만나던 날의

그 첫 설레임이 이러했으리라.

홀로이던 반쪽의 세월

억겁

윤회의 길 위에

끝없이 흐르는 바람의 모습으로 떠돌다

실낱같은 전생의 기억을 더듬어

우연처럼 다가서는

그대로 하여, 나는

또 다른 나

그대와의 합일을 예감한다.

그리하여,

오랜 시간

빗갈림으로 한숨짓던 불면의 시간을 접고

정결한 시간을

마루어

그대와 나의 참사랑을 만난다.

사랑가18 - 절름거리며 다가서는 세월

네게로 가리……

내 생의 가장 정결한 날을 마루어
세월의 강 너머
아릿한 불모의 시간을 딛고
아흔아홉 굽이
내 생의 간절한 기도를 엮어
투명한 한 자락 눈물로
산으로 쌓여 굳는 간절한 그리움일랑
온통 밝혀 사르고

동냥하는
초라한 걸인의 남루한 행색일지라도
썩어 문드러지는
추악한 문둥이의 모습일지라도
절름거리며, 절름거리며
너의 세월을 넘어가리.

집착도 없이, 애욕도 없이

맑디맑은 한 갈래 사랑으로

숙명을 읽는

반려의 사람아!

허공중에 흩떠도는 서툰 방황일랑은

이제,

기억 속 깊이 다독거리고

한발자욱 성큼

내게로 무너지거라……

사랑가19 - 반지, 그 사랑의 약속

너와 나를 붙들어 매는
찬란한
약속의 사슬.

끝없이 둥근 윤회의 여로에
사랑으로 맞물려 돌아가는
숙명의 반려

한 갈래로 맑은 사랑
그리움 속에 고이 씻어
이름 석 자 아로새긴
인연의 덫을 놓아
풀리지 않는 매듭으로
서로를 옭아매는
사랑의 굴레.

-지금 막 사랑을 시작한 이들에게…

사랑가20 - 너에게……

서로의 가슴 열고 뿌린 씨올
아름다운 그리움으로
진실의 싹을 틔우다.

자잘한 씨톨 하나하나에
마디마디 에인
그리운 가슴 보듬어
언제나
하나이길 고집하는
영겁 실팍한 인연의 손짓이
하늘 가까이서
새로운 시간의 의미로 가슴 새기는
가쁜 사랑의 숨살.

서로의 흘러 터진 허물의 상처를 깁고
외로운
너와 나의 마음
악수하며
하나 뜨거운 핏줄기로 끌어안는
너는……

사랑가21 - 헌화가

꽃 꺾어 받자오리다.
고운 님이여!

내 심장의 더운 피로 가꾼
핏빛 선연한
한 송이 상사화로
그대 전에 흩뿌리는
산화공덕

그 넓으신 가슴에 나를 안으소서.

고두배례하고
향 사르며
그대께 드리는 말

'함께하게 하소서……'

사랑가22 - 영지(影池), 아사달의 노래

헬 수 없는 긴긴 시간

그대를 만나기 위해

나의 사랑을 버리고 또 버렸건만

탑 그림자 길게 늘어진

연못 위

그대의 자취 간 곳 없고

사랑하는 님 기다려

굳어버린

망부석되어

님 오시길 기다리네.

애달퍼라!

그대의 고운 넋이여.

평생의 반려로 함께 하자던

굳은 언약들을

그림자 진 연못 위에

한처럼 묶어두고

가없는 기다림에
영지의 전설이 되었구나.
이제,
그대 그림자 깃든 넋돌 위에
나의 사랑을 모두어
먼 훗날에도 변치 않을
해후의 언약을 새기리니

내 아린 가슴 속에
사랑으로 머무시게……

사랑가23 - 떠돌음의 노래

떠나가 볼거나
사랑이 시작된 그 시간의 끝으로……

외곬으로 외곬으로 서러이 흐르는
시린 가슴
아리게 보듬어
얽히고설킨 삼라인연의 핏살
서글피 사위고

핏빛 선연한
아흔아홉
구비구비 흘우는 사랑가를
목 놓아 불러나 볼거나.

오늘도 떠도는 내 영혼
저 빈 들판
하늘과 땅이 맞보듬는 순결한 시간 속에
스러질 듯 스러질 듯
잡히지 않는 너를 찾아
서걱이느니……

사랑가24 - 바람의 노래

바람이 부네.
바람이 부네.
이승 끄트머리의 허허로운 내 혼의 들판에
섧디설운 바람이 부네.

강변을 얼싸안은 마른 갈대는
온몸으로 사무치는 울음을 머금고
허허로운 발길은 끝이 다하여
이승 아득한 곳으로
하염없는 낙하를 하는데

그대 빈 자리로
계절을 휘몰아
억겁 고통의 굴레로 사슬을 씌우며
바람이 부네.

바람이 부네.
바람이 부네.

하늘에 사무치는 나의 기도가

울음이 타는 강가에

질편히 젖어오네……

사랑가25 - 종이학

가냘프고 여린 손놀림으로
너의 영상
고웁게 접어
한 마리 종이학을 날린다.

물빛 그리움 가득한 내 마음
접혀지는 학을 따라
그리운 너에게로 한없이 날개짓한다.

천 번을 접어야만
한 마리
나는 학을 이룬다는
아득히 먼 전설을 지닌
너

미리내의 물결을 헤듯
너를 헤인다.

사랑가26 - 반려의 노래 1

그대,

내

뼈 중의 뼈

살 중의 살이라.

내 육신 헐어내어

그대 영혼의 집을 삼고

내 머리털 풀어 엮어

그대

내게로 오시는 길을 닦으리.

그 오랜 기다림의 끝에서

그대와 나

가슴 시리게 보듬으면

그제서야, 우리

'사랑'이라 부르며

영원히 풀리지 않을 세월

반려의 매듭을 엮네.

사랑가27 - 반려의 노래 2

그대를 사랑함은

억겁 인연으로 예정되어진
나의 운명……
지워지지 않을
심장 깊은 곳의 낙인

그대를
처음 만나던 날의
그 설레임으로
나는
그대의 삶 속에 사로잡히고
풀리지 않는
윤회의 매듭에 얽혀
나는
그대의 그림자를 밟아가네.

때로, 사랑이

험난한
가시덩굴과 미로 같은 세상 속에
헤맨다 하더라도
나, 눈물 흘리지 않으리.

그대를 닮아가는
나의 시간
그대에게 사로잡혀 버린
내 영혼.
이제
그대라는 이름 속에서
소중한 사랑의 씨앗을 머금네.

사랑가28 - 직녀에게, 終…

그대로 하여 나는 꿈을 꾼다.

별 흐르는 하늘가
점점이 흩어지는 그대의 영상을 좇아
아득한 세월의 벽을 넘어
소리 없이 그대의 곁에 다가서며
그대를 보듬는다.

나의 신부여!
삼백예순다섯 날
그대의 손 마디마디 에이도록
자아내던
핏빛 한숨 켜켜이 쌓인
베틀북을 멈추어 두고
눈물 같은 별리의 세월을 마루어
그대,
오작교를 건너면
나는,

빛살 같은 천우를 타고

맑디맑은 피리 소리 한 자락으로

그대의 실팍한 가슴과 손마디에 맺힌

눈물 빛 멍울을 지우며

오랜 회한의 세월을 기워

그대와 내가 하나로 만난다.

그것은

아득히 먼 옛적,

하나로 매듭지어진

숙명의 굴레

그 찬란한 운명의 손짓에 전율하며

그대와 나는

마주 잡은 두 손을 타 넘어오는

따스한 천상의 온기를 느끼며

완일한 의미로 다시 만난다.

그것이……

그대와 나의

맑디맑은

참사랑이다.

사랑가29 - 결혼

내 혼을 한올 한올 저미어
그대를 얽어맨다.

온 생애를 딛고
허위허위
그대를 만나러 가는 숨 가쁜 노정

바람 부는 이승
그 황황한 고해의 가시밭길을
옮기는 걸음걸음
한 시리게 묻어나는
여릿한 그대의 체취에 만취하여

나는,
길도 없는 길
가없는 육도의 떠돌음으로
하얗게 세어버린 백발을 머리에 이고
홑낱같은

세월의 뒤안길을 더듬어, 더듬어……

마침내
발끝까지 저미도록 전율하며 젖어오는
해후의 시간 속에
나의 그대를 안아 누이고
열락 같은 내 혼의 영토 우에
아승겁 반려로 죄지은
업의 불꽃을 지펴
정결한 뼈와 살을 태워
피를 섞는다.
혼을 섞는다……

2부

사랑 노래
(Since 2000~2025)

우연

뽀글거리는 단발머리
샛노란 티셔츠
화장기 없이 말간 얼굴

길가다
우연히 스쳐 가도 모를
그 평범함 속에 숨어 있던
특별함이

그해 팔월
뜨거웠던 햇살보다
더 환하고 강렬하게
내 안으로 '훅'하고 들어온
그날 이후

내 심장 깊숙한 곳에는
지울 수 없는
화인 하나

아로새겨졌다.

그것은
설렘이었고,
사랑이었으며,
지금도, 여전히

진행형이다……

                2025.09.17.에 1996년 8월의 그날을 떠올리며.

각인

천 년(千年)의 시간을 내리흘러

내 마음속

영원한 빛으로

아로새긴

너를 본다.

그리움이여……

*각인(覺人) : 사랑하는 이를 가슴에 깊이 새김.

그 사람

세상에서 가장 아름다운
오직 한 사람,

지금 여기
내 곁에 서서
같은 곳을 바라보며
두 손
꼭 잡은

당신.

그날

그날의 색

그날의 바람 소리

그날의 반짝이던 햇살

그날의 그대의 숨결

그날의 우리를 스치던

소슬한 대숲 바람 소리

그날

맞닿은 가슴으로 전해오는

두방망이질 치던

설레는 심장 소리

그렇게 첫날,

그날의 기억이

우리의 시간이 되었다.

나를 스쳐 가는

찰나의 순간순간들이

너와 같이하는 시간이면 좋겠다.

그대 만남은

그대 만남은
끝 겨울 시린 달빛 속에 아릿하게
스며 번지는
매화향처럼
은은하면서도 강렬하게 다가왔지

그대 만남은
뙤약볕 아래 지친 몸
정수리에 들이붓던 차가운 샘물처럼 다가온
전율이었지.

그대 만남은
가을 숲길 똑똑 떨어져 내리는
영근 밤송이처럼
내 심장 깊은 곳으로 떨어져 내리던
미증유의 중력이었지.

그대 만남은

한겨울 새벽

아무도 밟지 않은 하얀 눈밭 위에

선명하게 찍히던

발자국처럼

내 삶에 지울 수 없는

커다란

울림과 떨림이었지

그대가 있어

그대가 있어

나의 삶이 더 가멸지고

그대가 있어

나의 삶이 더 아름답습니다.

빛줄기 하나 스며들지 못하고

살아가는 하루하루

내일이라는 시간마저도 사치가 되고

어둠 속으로, 어둠 속으로 침잠하던

골방 구석처럼 힘겹고 가난했던 시절

흙먼지 흩날려 갈 곳을 잃고

습습하고 숨이 턱턱 막히는

황톳길 무더위처럼

피 말리는 절망이 나의 삶을 옥죄던 그 시절

희고 가냘픈 손을 내밀어

나의 손을 잡아주던

그대가 있어

나의 삶은 외롭지도 가난하지도 않았습니다.

꽃 피고, 비 내리고, 바람 불고, 눈 내리던

그대와 함께한 그 모든 시간

내 곁에

그대가 있었기에

나의 삶은 고단하지 않았습니다.

삶의 무게에 짓눌리고 쓸려도

살며시 손을 맞잡고 같은 곳을 바라보는

그대가 있었기에

나의 삶은 늘 아름다웠습니다.

별빛 한 조각 보이지 않는 춥고 어둡던 겨울 밤하늘처럼

절망이 희망을 갉아먹던 그 시절,

우연 같은 운명으로 내 삶의 길에 뛰어든

당신을

내게 주어진 삶이 다 타서 재가 되도록

영원히 사랑하겠습니다.

그대라는 빛

세상은
한 치 앞도 내다볼 수 없는
깊은 어둠 속에 싸여
끝을 알 수 없는 암연으로
떨어져 내리고

빛줄기라고는
문틈 사이로 새어드는
볕날보다도 옅던 그때

나는
빛줄기도
이렇게 시들 수 있음을
알았습니다.

그런 어둠 속에서
저 멀리서 빛나는
길라잡이별처럼

당신은

그렇게 빛으로 내게 내렸습니다.

이 이름 모를 행성에도 좌표가 있다면

그것은 아마도, 당신을 찾아가는

나의 잰걸음만큼이나 숨 가쁜

설렘과 그리움의 마침표를 찍는

종착역일 것입니다.

그대에게 번지다

순백의 화선지 위에 떨어져
옅고 짙게 번져 스미는
먹물 빛처럼

그대를 향한
나의 사랑은
깊이를 알 수도 없이
한없이 한없이
그대에게 스며들고

어느새, 문득
그대와 나의 경계선을 넘어
오롯이 하나됨으로
내가 그대이고
그대가 나일 수밖에 없는
운명의 매듭을 엮는다.

그대는
나의
오래이고 싶은 미래다.

길을 잃다

내 삶의 시침을

잃어버리고

가볍게 스치는 잔바람에도

아프게 떨며 흔들리던

풀꽃같이

여리디여린

나의 시간이

아픈 상처를 다독이며

스며드는

그대라는

이름 속에서

길을…… 잃다.

그대 안에서

길을 잃다.

꽃이 피고, 지고, 다시 피고

내 너를 사랑함은

초록 이파리 사이로 잔잔하게 부서지는
햇살 닮은, 봄 지나
꽃봉오리
아쉽게 지고 난 후
다시 올
새봄을 기다리는
인고와 설렘이다.

그렇게
헬 수 없는
꽃 핌의 기쁨과 꽃 짐의 서러움이
반복하며 교차하는
시간 속 길 위에서
다시 올
새봄을 참고 기다리는 설렘이
쌓이고 쌓여

나의 사랑은

더욱 단단하게 여물어 간다.

네 마음 깊이깊이

뿌리 내린다.

나의 시간은……

숨 쉬고 살아가는

나의

모든 시간은

잔잔하게,

때론

거센 소용돌이처럼

휘몰아치며

오롯이

그렇게

흐르고 흘러서

그대에게로

흐른다……

나의 일생은

당신을 만나기 전
미몽 속에 헤매이던
나의 반생과

당신을 만나고 난 후
운명으로 매듭지어진
또 하나의
나의 반생이 만나

비로소,
나의 일생이 되었습니다.

너로 하여

더 이상
나아가지도 물러서지도 못할
세상의 끝

절망과 좌절의
벼랑 끝에 서 있는 것처럼
힘들던 그때,

너를 품에 안고
네게서 빌려온
따뜻한 온기 한 줌이
내 몸속 깊이 흘러 들어와
사그라들던
내 삶의 불씨를 북돋워 올리고
주저앉은 다리
박차고 일어나
다시 세상을 향해
한 발짝 한 발짝

더디지만, 다시

걸을 수 있었다.

……

너로 하여.

담쟁이덩굴 1

불볕 같은 여름의 열기와
뼈와 살을 에이는 겨울의 차가운 손길에도
그 작고 가녀린 잎사귀로
시리디시린 콘크리트 담벽을
한 땀 한 땀 재겨 디디며
오르고 또 오르는
간절한 몸짓.

바람이 할퀴며 흔들고 가도
장대비가 억수같이 퍼부으며 두드려 댈 때도
한마디 비명도, 신음도 없이
조금만 더, 조금만 더, 조금만 더
속으로 되뇌이고, 또 되뇌이며
묵묵히 가지 뻗어 올리는
여림 속 강인함을 감춘
쉼 없는,
끊김 없는
하늘을 향한 애끓는 몸짓으로

드디어, 하늘 언저리에 가 닿으면
그 오름의 끝자락엔
청명한 하늘 가운데 소슬바람 불어 주는
붉은 해가 웃고 있다.

그렇게 나도
네게로 쉼 없이 가고 있다.

담쟁이덩굴 2

그것은
네게로 뻗어 가는
나의 간절한 그리움이었어.

그것은
네게로 내딛던
나의 지칠 줄 모르는 몸짓이었어.

그리고, 그것은
너를 만나러 갈 수밖에 없는
나의
운명이었어……

동백꽃

짙푸른 초록빛 대지 위

점점이 흩뿌린 선연한 붉은빛

손끝을 시리게 에이던

겨울을 벗어던지고

헤아릴 수 없이 아득한

인고의 시간을 머금고 머금어

누군가에게는

잊지 못할 서러운 기억의 멍울이 되고

또 누군가에게는

설레는 첫사랑의 아련한 손짓이 되어

비로소

찬란하게 틔워내는

봄빛 꽃 한 송이

그 여릿한 봄향기에 취해

나의 시간도

붉은 꽃잎 속에 물들어간다.

매화, 그리움

이 비 그치면……
바람에 흐느끼다 하얀 그림자로 깔리는
저 아릿한 매화향처럼
그리움도
차마 스러지리라

때늦은 서설처럼
점점이 허공중에 흩뿌리는
작은 꽃잎 하나하나에
삼백예순다섯 날 가슴으로 아로새긴
핏빛 그리움 수놓아
강변을 휩쓸고 가는 바람결에
띄우면

오랜 시간 켜켜이 쌓인 그리움의 더께보다
더 두터이 내려앉은
흔적들이
시간의 강을 건너

네게로 달려가리라.

그리하여
영원할 수 없으나 영원한
봄 꿈을 안고
마음 깊은 속에 그윽한 향기로
스머드리라.

봄날, 매화향에 스미다

달보드레한 봄날
강바람이 띄워올린
푸르른 기운 설핏 어린 달빛이
고개숙여
내려쪼이는 눈길의 끝자락
아직 채 가시지 않은
잔설을 털어내고
달빛에 젖은 꽃잎
소담하게 피워 낸
매화향에 스며

그렇게
봄날이 왔다.

그렇게
네가,
내게로 왔다.

별

칠흑 같은 어둠 속

한 줌 빛마저도 생기를 잃고

세상 모든 것이

저 깊디깊은 어둠 속으로, 어둠 속으로

가없이 침잠하며

움켜쥘 실낱같은 뿌리 한 자락도

가지지 못한 채

한때, 눈부시도록 찬란했던

별의 노래가

머나먼 우주의 티끌이 되어

마지막 잔상을 남기고 흩어져 가는

세상의 끝에 서더라도

내 가슴 속에서 싹틔운

별의 씨앗이

자라고 자라

너의 세상을 환하게 비춰줄 때까지

널 향한

나의 사랑은, 그렇게

현재진행형이다.

불가역적 반응

참 알 수 없는 일이다.

수천, 수만 번을 연습한
'사랑한다'는 말이
정작
네 앞에 서면
주체할 수 없는
설렘과 떨림에 가로막혀
벙어리가 되어 버리는
이 불가역적인 쏠림.

그저
다시 한번
속으로만
'사랑한다'고
되뇌일 뿐이다.

불치병

내 그대를 사랑함으로

이생에서는

고칠 수 없는 불치의 병을 앓게 되었으니

그대가 있어

스치듯 쓸어가는 실바람에도

살과 뼈를 저미는 것 같은 고통으로

처절하게 비명 지르던

나의 고단한 삶은

흔들리되 꺼지지 않는

촛불처럼

그렇게

그대를 향해 잔잔히 일렁이며

내 몸을 태워 그대를 밝히고

그대가 있어

누 겁의 세월

끝도 알 수 없이 휘돌아가는

윤회의 바퀴에 짓눌려

처절하게 울음 울던

나의 상처받은 영혼은

풀리지 않는 매듭처럼

그렇게

그대와 나를 단단히 그러안으며

그대 안으로 침잠하네.

내 이렇듯

그대를 사랑함으로

내생에서도 고칠 수 없는

불치의 병을

앓게 되었네……

비 오는 날

대지를 촉촉하게 적시는

빗방울처럼

오랜 세월 동안

담고 또 담아 온

그대를 향한

나의 그리움이

구천까지 흘러 스미듯

그대에게로

젖어 든다.

뿌리

땅속 깊이깊이 박힌

뿌리처럼

누구나

가슴 속 깊이

제 삶 속에 자리잡은

이름 부르기도 차마 아까운

그리운 사람 하나쯤

품 속 깊이 보듬고

살아가는 법이다.

그 사람이

……

너였으면 좋겠다.

사랑

하나 더하기 하나는

하나가 되는

참

오묘한 셈법

.

.

.

.

.

.

사랑.

사랑아, 사랑아

너

사라지지도 말고
변하지도 말고
처음 모습 그대로
처음 설렘 그대로
그날의 시간 속에
그날의 햇살 속에
그날의 기억 속에
거기 그대로

오래오래
멈춰 서 있어라

내가
네게 가는 길을
잊어버리지도 헤매지도 않고
찾아갈 수 있도록……

사랑은

사랑은

운명이라는
가없는 실타래에 묶여
도망가지도
사라지지도
못한다.

그리하여
영원히
그대의 언저리를
맴돌 뿐이다.

사랑한다는 것은……

사랑한다는 것은

서로에게 발걸음을 맞춰 주는 것
서로 다른 걸음걸이의 시간을 넘어
조금씩 조금씩 거리를 줄이며
그렇게
같은 곳을 바라보며
곁을 바라보며
천천히 같이 걸어가는 것

속도만을 고집하며
같이 걷는 이의
더디고 지친 발걸음을
알지 못하는 것보다
더디고 느리게 걷고 살며
마주 잡은 손끝으로 전해오는
따뜻한 온기를
한올 한올 얽고 엮어

서로를 가슴 깊이 느끼는 것

사랑한다는 것은……

서설(瑞雪)

세상 모든 티끌을 안아 품듯

천지에 흩뿌리는

서설

나의 모든 허물을 감싸안아 주는

그대의 손길처럼

세상은 온통

은빛 설렘의 시간이 되어

그대에게 가는 길이

……

눈부시다.

때로는

하늘하늘 눈송이로 날리다가

때로는

몰아치는 폭풍우처럼 쏟아붓다가

세상의 모든 더러움도

세상의 모든 티끌도

가리우고 가리우고, 또 가리워서

내 부끄러운 허물마저도

아름다움으로 되살리는

그대의

가멸진 손길처럼

순백의 시간이

내려서 쌓이고 내려서 쌓여서

마침내,

세상에서 가장 깨끗한 결정으로

내려앉듯

나는

그대 속으로 내려앉는다.

선물

아내가 묻는다

생일 선물로
뭘 받고 싶으냐고……

갑작스런 질문에
잠시 잠깐
생각을 해보다
싱긋,
말없이 웃으며 바라본다.

'당신이 가장 큰 선물'이라는
속말을 머금고.

소소한 일상 1

    뭐해?그냥있어. 밥은먹었어?시간이몇신데. 아, 참그렇지. 이따산책하러갈래?귀찮아. 다리도아프고. 그럼내가아는맛있는카페갈까?나세수도안하고준비하려면시간너무많이걸려. 기다리면되지뭐. 입고나갈옷도없는데. 아니야너는아무렇게나입어도예뻐. 피, 거짓말. 아니야, 진짜라니까. 헤헤, 그래도듣기는좋다. 주말에뭐해?주말에?응. 그냥집에있을건데, 왜?아니, 그냥. 뭐래, 먼저말을해놓고그냥이라고해?어, 어, 그냥말을하라고?주말에뭐없으면우리극장이나갈까?요즘에재미있는영화없어. 그럼맛있는거먹으러갈까?안돼. 나요즘살쪄서관리해야해. 그럼공원옆호숫가에꽃보러갈까?나꽃가루알러지있는거몰라?아참, 그렇지. 그래도괜찮아. 꽃보다네가더이쁘니까. 웩!아니야, 진짜라니까. 말이라도고맙다. 진짠데. 오랜만에둘이걸으니까참좋다, 그치?응, 나도그래. 어제는뭐했어?어제?응, 어제. 어, 그냥집에서뒹굴거리다가잠깐친구만나서수다떨다가밥먹고집에왔지. 뭐먹었는데?오삼불고기. 맞아, 오삼불고기맛있지. 다음에나랑같이먹으러갈래?내가왜?아니, 그냥너도좋아한다니까같이가보고싶어서. 나중에. 진짜지?어, 나중에. 그럼꼭같이가는거다?알았다고.

    ....
....

함께 한

소소한 시간들이

쌓이고 쌓여

어느 새인지도 모르게

'우리'가 되었다.

소소한 일상 2

오늘많이힘들었지?어,너무너무피곤해서쓰러질것같아. 어떡해,아픈데는없고?어,아프지는않는데몸에힘이하나도없고못일어나겠어. 많이아파?내가바로갈까?아니야,괜찮아. 그럼약이라도사서갈까?괜찮대두. 네가괜찮아도내가안괜찮아서그래. 아니,얘가뭔소리를하는거야?어,어,어,말이헛나왔나봐. 하하하. 정말괜찮은거지?그렇대두. 그래도나걱정해주는사람이한명이라도있으니까참좋다. 고맙긴,우리사이에. 우리사이?아니,아니야. 별다른뜻은없어. 괜찮아,우리내일같이밥먹을래?정말?너저번에오삼불고기좋아한다고했잖아. 이번엔친구들말고나랑먹자고. 정말?정말. 알겠어. 고마워. 우리사이에이런걸가지고뭘고맙다고하는거야. 우리사이?어?아이참말이헛나왔네. 야야,너무늦었다. 얼른가서자. 그,그래. 너도얼른자. 내일보자. 어,그래. 잘자.

....
....

늘
곁에 있어도
'사랑해'란 말
한마디가

그리 어려워

애꿎은 전화기만 붙들다
밤이 깊었다……

소(沼)의 전설

옛날하고도
아주 오랜 옛날
어느 이름 모를 마을에
실 한 꾸리를 다 풀어도
깊이를 알 수 없고
돌멩이를 던져도
끝닿는 소리 들리지 않는다는
깊디깊은 소(沼)가 있었다.

아득히 오랜
빛바랜 전설 속 이야기처럼
내가 너를 만나고
내가 네게 스며듦이
그러하였다.

지금도 그렇게
나는 네게
깊이깊이
가라앉는다
가라앉고 있는 중이다

쉴 곳

이 세상 어디에도
나를 둘 데를 찾을 수 없어
긴긴 시간
두 발 부르트도록
간절히, 더 간절히
찾아 헤맸으나

정작
너의
숨소리, 웃음소리에
스며들고 나서야

너의 옆자리가
비어 있었음을,
너의 그 옆자리가
나를 둘 데임을

뒤늦게서야, 아주 뒤늦게서야
깨달을 수 있었다.

시간

숨 가쁘게 달음질칠 줄만 알던

내 삶이

우연 같은 필연으로 다가온

네 시간 속으로 스며들어

멈춰서 버렸다.

나의 시간은

오롯이

너의 시간 속에서

늘 오늘이 되어 흐르고 싶다.

詩를 쓴다는 것은

시를 쓴다는 것은

내 삶의 편린들을 모아
그대를 향한
감당할 수 없는
핏빛 연가를 부르는 일.

그대가 있어
나의 노래가 아름다울 수 있고,

그대가 있어
나의 노래가 빛날 수 있다는 것을

나는, 그대를
내 가슴 깊이 들이고 나서야
비로소
깨달았습니다……

시작

아스팔트마저도
태양의 뜨거운 열기에 달궈져
뜨거운 길 아지랑이 피워 올리고
가쁜 숨조차 턱턱 막혀오는
현기증에 허덕이던
그 여름날,

스치며 지나가는 듯했으나
알 수 없는 깊이로 젖어 들어
뙤약볕에 메말라 버린 대지를 적시며
갈라지고 터진 상처까지
보듬어 안고 다독이며 스미는
청량한 저 빗줄기처럼

그렇게
너는 내게로 젖어 스며들었다.

첫… 만남이었다……

안부

헤아릴 수 없는
영겁의 시간을
그리움으로 켜켜이 쌓은 뒤

비로소
작은 안부 몇 자 보내노니

그대, 그렇게
늘 아름답거라

그대, 그렇게
늘 사랑스럽거라

옹달샘

고즈넉한
숲길 끝자락에서
만나는
이름 모를
작은 옹달샘 하나

땀을 식히려
샘 속에 손을 담그면
손끝을 따라
번져오는
짜릿한 전율과 청량감.

네가
내게
.
.
.
.
.
그러하였다.

작은 연못

아무도 찾지 않는

깊은 숲속

작은 연못

소슬거리며 지나던 바람에

떨어져 내리는

나뭇잎 하나

수면 위에 잔잔한 파문을 일으키듯

그대와의 만남은

내 삶을 송두리째 흔드는

영겁의 설렘이었어.

저울추, 기울어짐에 대하여

길 위를 무심히 스치는 인연으로 만나
같이 한 시간의 무게가
쌓이고 쌓여갈수록
내 마음속 저울추는
어느 순간부터인지
한쪽으로, 한쪽으로만
쏠리기 시작했다.

기울어진 마음의 저울추를
아무리 끌어당겨 일으켜보려 발버둥 쳐도
올라갈 듯 올라갈 듯하면서도
끝내 평형을 잡지 못하고
기울어져 있음이
거부할 수 없는 운명임을 받아들이던
그날,
나는 비로소
온전히 그대를 만났다.

그렇게

그대를 만나고 난 이후로

기울어짐은

나의 당연한 일상이자

숙명이 되었다.

채움, 또는 빈 그릇

그대가 나를 채워주기 전까지

나는

그냥 그저 그런

흙색 빈 그릇에 지나지 않았다.

채워짐과 비워짐의 무한반복 속에

비어 있으므로 인한

공허함과 외로움은

나의 숙명인 듯하였으나

그대가 내 안으로 들어와

온전히 자리 잡은 후

나는 비로소

채워짐의 의미를

온몸으로 배울 수 있었다.

지금까지 반복되던

채움과 비움이

오로지

그대로 인한 채워짐을 기다리던

그리움과 기다림의 순간순간이었음을

그대가 나를 채운 연후에야

비로소 알게 되었다.

치통

아린 이 틈새를 비집고
잊을 만하면 몰려오는
치통.

다른 것 죄다 참아도
치통만은 참을 수 없다 했던가……

아린 통증에 잠 못 들고 지새우는
시간의 무게처럼

쉼 없이 쉼 없이 나를 깨우며
나의 심장 전체를
아리지만 벅차게 채워 오는
당신

아픈 만큼, 아니 아픔마저도
뛰어넘는

그런 사람,
그런 사랑.

파문

스쳐가는 바람이
어린 가지를 잔잔하게 흔들고

붉디붉은 단풍잎 하나
똑! 하고 떨어져
잔잔한 수면 위에
파문이 번지듯

그대는
알 수 없는 어느 순간
내 삶 속으로 들어와
영겁의 파문을 일으키네……

함께

내가 살아가는 모든 시간이
당신과 함께라면
참 좋겠습니다.

당신과 함께한
찰나의 순간들이
쌓이고 쌓여서
당신과 내가 점점 닮아가며
켜켜이 쌓이는
그리운 마음.

함께 해 주셔서

고맙습니다……

다독다독

그동안 고생했어.
힘들고, 지치고, 주저앉고 싶었던
그 시간
잘 견뎌왔어.
잘 살아왔어.

너……
참 애썼어.

그래서
고마워.

직녀의 노래 – 견우에게

칠월칠석
그리움 켜켜이 쌓인 노둣돌을 딛고
눈물로 다지고 다진 오작교를 건너
우리 만나는 날.

그대를 만나기 위해
손끝 마디마디
피멍울이 맺히도록 베틀을 놀리고
날줄 씨줄 곱게 엮어
한 땀 한 땀
눈물로 아로새긴
그대의 옷을 지으면

그대,
하늘 밭 가 풀싹을 먹이던
소고삐도 던져버리고
빛살 같은 미소를 띠고
한 서린 이별 눈물 층층이 쌓인
은하수 다리를 건너
내게로 오시게.

신부에게

차가운 시간의 손길이

스치듯 지나간 후

마지막 남아 있던

가녀린 이파리 한 장마져 떨어져 버리고

앙상하게 옹이진 나뭇가지로

근근이 버티던

메마른 내 삶에

시린 겨울을 묵묵히 견뎌내고 싱그런 숨결을 토해내는

봄볕 가득 품은 봄눈처럼

당신은 내 가슴에

그렇게 깊이깊이 자리 잡았습니다.

손바닥만 한 겨울볕도 사치이고

언 땅 깊이 박혀 옴짝달싹도 하지 못하며

그저, 어서 빨리

언 땅 녹이고

서릿발처럼 날카롭게 폐부를 후비던

이 모질고 가혹한 시간이 지나기만을

바라고, 또 바라던 내게
그대는
봄소식보다 더 빨리 다가와
나의 언 손발 다독이며
괜찮다고, 이제는 괜찮다고
이제는 정말 괜찮다고
말로 하지 않아도
내 삶 속에 전해지는
위로가 되었습니다.

한여름, 온 세상을 태울 듯 작열하는
뙤약볕이 아니어도
그대가 내게 내밀어준
작고 여린 손길에 담긴 온기만으로도
나는, 겨우내
소중히 보듬고 가꾸어 온
새 봄눈 하나
움 틔울 수 있었습니다.

그대, 나의 신부여!

아름다운 나의 신부에게

세상이 온통 어둠뿐이고 숨 쉬는 것조차 버거울 정도로

막막하고 보잘것없었던 이십 대의 하루하루

우연히 스쳐 가는 찰나의 인연인 줄 알았으나

우연을 덧입은 필연이었음을 뼛속 깊이 느끼며

함께 한 시간의 깊이와 떨림만큼 가없는 그리움이 되어

나의 모든 세포 하나하나와 나의 몸 끝 혈관 구석구석까지

전율케 하는

그대를 오롯이 가슴에 새기고 새겨봅니다.

그대는 달무리져 어둡고 캄캄한 밤하늘

희미한 별빛조차 빛을 잃어버릴 정도로

허기지고 고달픈 가시밭길 같던

나의 시간에, 나의 젊음에

한 자락 희망의 빛 물이 되어

나를 비추고 채워주었습니다.

그대의 향그러운 숨결은

삶의 한기로 얼어붙은 채 뛸 수 없었던

나의 심장을 다시 뛰게 했고,

그대의 물빛 고운 그 미소는

차갑게 식어 핏줄기마저 멈춰버린

나의 혈관을 다시 꿈틀거리게 했습니다.

그리고, 어둠 속에서 벗어나려는 의지와 몸부림마저도 상실한 채

캄캄한 골방에 웅크려 신음하며

나락으로 나락으로 떨어져 내리기만 하던

나의 잿빛 시간에 내밀어준

가녀리고 작지만 강인하고 의연한

온기 가득한 그대의 그 손길에

나를 채우고 다시 일으켜 세울 수 있어

나는, 세상 어두운 굽잇길에서도

좌절하고 무릎 꿇고 쓰러지지 않고

혼자가 아닌 같이 할 둘에서 하나 된 내일을 위해

한 걸음 한 걸음 재겨 디딜 수 있었습니다.

나와 결혼해 주셔서…… 고맙습니다.

2025년 10월에

3부
戀歌, 짧은 사랑 이야기

사랑과 영혼 - 어느 노부부 이야기

오래전 신문에서 읽은 이야기이다.

전라도의 어느 도시에서 식물인간이 된 남편을 극진히 모셔 오던 60대 부인이 숨진 채 남편 곁에서 발견되었다고 한다. 발견 당시 방 안에는 밥상이 차려져 있었는데 경찰 추정으로 식사 도중 기도가 막혀 급사한 것이라고 한다.

그런데 이 부인의 곁에는 7년 전 고혈압으로 쓰러진 뒤 식물인간으로 지내오던 그녀의 남편이 산소호흡기에 의지한 채 반듯이 누워있다가 병원으로 옮기는 도중 숨을 거뒀다고 한다.

부인은 직업군인이던 남편이 고혈압으로 쓰러져 '회생 불가' 판정을 받았음에도 포기하지 않고 7년이라는 긴 시간을 극진히 수발해 왔었다고 한다. 이렇게 애틋한 부부애는 널리 입소문을 탔고, 급기야 시로부터 '효부상'을 받기도 했단다.

사고 당시 경찰이 집에 도착했을 때 아무것도 할 수 없었던 남편은 부인의 시신을 안타깝게 바라보며 눈물을 흘리고 있었고, 부인을 잃은 충격으로 인해 병원으로 후송 도중 숨을 거뒀다고 한다.

옆에서 숨을 다해가는 아내의 모습을 보면서 남편은 아무것도 할 수 없는 자신의 처지를 얼마나 원망하고 피눈물을 흘렸을까……? 또 얼마나 부인을 사랑했으면 자신을 지탱하던 마지막 실낱같은 숨결마저도 부인과 함께 훨훨 날려버렸을까……

사랑해서, 너무나 사랑해서일 것이다.

두 사람은 아마도 이승의 고단한 삶을 벗고 훨훨 나래 치며 행복한 내생을 누리고 있을 것이라고 생각해 본다.

또 한 부부의 이야기.

유명한 시인 한 분이 유명을 달리하셨다고 한다.

이분은 일제 강점기 이후 국내 시단의 대표적인 시조 시인으로 활동하셨고, 몇몇 작품은 교과서에 실리기도 했었다. 그런데 약 15년 전 이 노시인은 화랑에 그림을 보러 갔다가 불의의 사고로 다리를 다쳐 줄곧 휠체어 신세를 지고 있었다고 한다. 이후 오랜 시간 동안을 그의 부인은 자신의 몸이 다 부서지도록 정성을 다해 남편을 봉양했다고 한다. 자식들의 말에 의하면 보름 전 우연히 허리를 가볍게 다쳐 병원에 가서 엑스레이를 찍었더니 다친 곳이 아닌 다른 곳의 뼈들이 이미 부서질 대로 부서진 상태였다고 한다. 결국 아내는 남편의 오열 속에 분골쇄신의 사랑을 그 흔적으로 남겨두고 남편의 곁을 먼저 떠나고 말았다.

노시인은 병상에 누워있던 그의 아내를 보며 "자네를 내 전생에 본 것 같으이. 우리 이생은 이제 그만 끝났나 보네."라고 말해서 이미 죽음을 예감했다고 한다. 가족과 남편의 오열 속에 60여 년의 동반을 마감하고 먼저 세상을 떠난 아내의 묘지에 다녀온 시인은 그날 이후로 딸네 집에서 쓰러져 뇌사상태에 빠졌다가 급기야 산소호흡기를 제거함으로써 60여 년간 떨어져 살아본 적 없던 아내의 곁으로 가셨다고 한다.

이 기사들을 읽으면서 가슴 한구석을 예리하게 찌르고 지나가는 무언가를 느낄 수 있었다.

서로 다른 모습으로 이생에 몸 받아 살다가 전생 삼천 겁의 인연을 빌어 부부의 연을 맺고 살아온 지 수십 성상.

그 세월 속에 쌓여갔던 그들 부부의 사랑은 정말 이 졸필로는 감히 표현하지 못한 숭고한 것이며, 그것은 그들만의 신앙인 것이다.

삶을 함께한 것처럼 죽음마저도 함께 하려 한 그들 두 노부부의 이야기를 들으며 잦은 만남과 이별의 시대를 살아가고 있는 우리에게 진정한 부부간의 사랑이 무엇인지, 그리고 가족의 소중함이 무엇인지를 다시 한번 생각게 하는 뭉클함이 전해져 왔다.

이별이 잦은 시대.

우리도 한 번쯤은 진정한 사랑에 대한 의미와 '반려(伴侶)'라는 말을 되새겨봄 직도 하다.

별

사랑하는 두 남녀가 있었다.

그러나 두 사람의 사랑은 그리 순탄치만은 않았다. 두 사람의 집안이 서로 척을 지고 사는 사이였기 때문이었다. 그럴수록 두 사람의 사랑은 더욱더 간절해져갔고, 급기야는 부모들 몰래 서로에게 사랑의 서약을 하고 말았다. 그리고 두 사람은 집안의 반대를 무릅쓰고라도 결혼을 하기로 하였고, 둘이서 먼 곳으로 떠나려고 하였다.

두 사람이 함께 떠나기로 약속한 날 남자는 그녀와의 약속 장소에 나가서 그녀가 오기만을 기다리고 있었다. 그러나 약속한 시간이 한참이나 지났는데도 그녀는 올 기미조차 보이지 않았다. 그렇게 시간이 흘러갔고, 기다림에 지친 남자는 그녀의 마음이 변했나보다 생각하며 가슴에 쌓인 커다란 슬픔을 안고서 발길을 돌렸다. 그리고 남자는 집에 돌아오던 길로 방랑의 길을 떠나갔다.

그러나 그녀의 마음이 변한 것은 아니었다.

그와의 만남을 못마땅하게 여겨오던 그녀의 아버지가 그녀의 낌새를 알아채고 약속 장소에 나가지 못하도록 결사적으로 막았기 때문이었다. 그녀는 약속 장소에서 기다리고 있을 그를 생각하며 부모에게 매달리고 애원도 해봤으나 소용이 없었다. 그렇게 시간이 흐르고, 다음 날 그녀는 그의 집으로 찾아갔으나 그가 떠나버렸다는 소식만을 듣고서 힘없이 발길을 돌릴 수밖에 없었다. 그녀는 집으로 돌아오면서 다짐했다. 이제 다시는 어떠한 사랑이 다가온다고 할지라도 받아들이지 않겠노라고. 그리고 영원토록 그가 돌아오기만을 기다리겠노라고…

그날 이후로 그녀의 방에서는 불빛이 꺼지고 삭막한 바람만이 불었다.

그녀를 떠난 남자도 행복하지는 않았다.

오랜 방랑의 길을 걸으면서도 그의 뇌리에서 항상 떠나지 않는 것은 사랑하는 그녀의 모습이었다. 길을 가다가 초원에서 노숙을 하며 하늘을 바라다보면 하늘에 촘촘히 박힌 별빛 사이로 그녀의 모습이 떠오르는 것이었다. 그는 그 별빛을 바라보며 항상 이렇게 속삭였다.

'사랑해… 내 삶이 다하는 그 순간까지'

그렇게 세월이 흐르고 두 사람의 머리에도 어느새 하얀 서리가 내리기 시작했다. 그때까지도 그의 방랑은 끝나질 않았고, 그녀의 그 끝없는 기다림도 끝나지 않았다. 주위 사람들도 하나둘씩 세상을 떠나고 그의 방랑과 그녀의 기다림 또한 그들의 삶이 다하는 그 순간까지도 영원히 끝나지 못할지도 몰랐다.

반백이 된 세월을 이고 방랑을 하던 그는 어느 작은 마을에 들렀다. 그 마을에서 그는 젊은 시절 꽃같이 화사하던 그녀의 모습을 닮은 소녀를 보게 됐다. 그 소녀를 보는 순간 그는 그녀가 미치도록 보고 싶다는 생각을 하게 되었다. 그리고 그의 발길은 자신도 모르는 사이에 고향으로 향하고 있었다. 얼마 남지 않은 자신의 삶에서 그녀의 마지막 모습이라도 보았으면 하는 작은 바람으로.

오랜 세월이 흐른 고향은 너무도 많이 변해 있었다.

알던 사람들은 거의 다가 세상을 떠나고 없었고 자신의 고향집도 어린 시절 뛰놀던 너른 마당도, 맑은 시내도 사라지고 없었다. 그는 변해버린 고향의 모습을 보면서 자신이 고향으로 돌아온 것이 과연 잘한 것인지를 생각했다. 그리고 그녀의 모습을 볼 수 없을지도 모른다는 불안감에 휩싸였다. 그의 발길이 그녀가 살던 옛집으로 가까이 갈수록 그의 심장은 터질 것만 같았다. 아득히 오랜 시절 젊은 날의 순수하고 아름다웠던 사랑의 모습으로 돌아가고 있었다.

기대 반 우려 반으로 그녀의 옛집으로 다가가던 그의 입에서 탄성이 흘러나왔다. 모두가 변해버린 고향에서 오직 하나 변하지 않은 것은 그녀의 옛집이었다.

그녀의 집을 본 순간 그의 발걸음은 이내 달음박질로 변했다. 단숨에 그녀의 집으로 다가간 그의 눈에 들어온 것은 잡초만 무성하고 을씨년스러운 폐가의 풍경이었다. 예상하고는 있었지만 폐가가 되어 버린 그녀의 집을 바라보면서 그는 말할 수 없는 슬픔을 느꼈다.

못다 한 사랑의 슬픔과 그리움을 밟고서 발길을 돌리려는 그의 귓가에 삐걱이며 문이 열리는 소리가 들렸다.

순간 그의 가슴은 알 수 없는 벅참으로 가득 찼다. 천천히 고개를 돌려 바라본 문가에는 오랜 세월로 인해 퇴색해 버린 그의 사랑이 서 있었다. 그를 바라보는 그녀의 눈은 놀라움으로 인해 휘둥그레졌다. 평생을 한결같이 기다리던 그 사람이 지금 돌아와 그녀의 눈앞에 서 있는 것이 아닌

가. 두 사람은 누가 먼저랄 것도 없이 서로에게 달려들어 깊이 보듬어 안았다. 그러고는 오랜 세월 동안의 이별을 아쉬워하는 듯 오랫동안, 아주 오랫동안 부둥켜안고 떨어질 줄을 몰랐다.

"아직까지 나를 기다리고 있었던 게요?"

"제 사랑은 제 생명이 다하는 그 순간까지, 아니 다음 생에서라도 당신 한 사람뿐이랍니다."라고 대답하며 그녀는 수줍게 얼굴을 붉혔다.

"만약 내가 영영 돌아오지 않았다면 당신은 어쩌려고 한게요?"라는 그의 물음에 그녀는 나직하면서도 단호하게 대답했다.

"저는 당신이 돌아올 것을 믿었습니다. 당신을 향한 나의 사랑이 굳건한 만큼 당신 또한 나를 사랑한다는 걸 알았기 때문이지요."

그녀를 바라보는 그의 두 눈엔 이 세상 그 어느 것보다도 고귀한 미소가 번지고 있었다. 다시 한번 부둥켜안은 두 사람은 떨어질 줄을 몰랐다.

그리고 부둥켜안은 두 사람의 등 뒤로 아름다운 석양이 지고 있었다.

사랑은…… 어떠한 시련이 닥쳐와도 서로에 대한 신뢰를 깨트리지 않는 것이다. 사랑은 믿음이며, 금강석처럼 단단한 것이어야 한다.

지금 당신은 그런 사랑을 하고 있는가……

사랑은 소유가 아님을……

그는 그녀를 사랑했다.

라일락 향기가 흩날리는 교정에서 그녀를 만나 사랑에 빠져버렸고, 그녀를 만난 것은 운명이라고 생각했다. 그러나 사랑하는 마음이 깊어질수록 그녀에 대한 집착도 커져만 갔다. 그는 늘 그녀와 함께 있게 싶어 했고, 그녀의 일거수일투족이 자신과 함께여야 한다고 생각했던 것이다. 그녀는 그가 자신을 너무나 사랑한다는 것을 잘 알았지만 그의 그런 집착이 싫어졌다. 그가 자신에게 있어서 중요한 존재라는 것은 인정하지만 그래도 자신만의 세계를 공유할 수는 없다고 생각했다.

그렇게 시간이 흘러갈수록 그녀에 대한 그의 집착은 더해갔고, 급기야 그녀는 그를 떠나기로 결심했다.

"우리 그만 만나."

"왜, 난 널 사랑하잖아."

"알아, 하지만… 하지만 난 네 그 집착이 너무 싫어. 부담스럽단 말이야."

"……."

"너의 사랑은 사랑이 아니었어. 내게 보여준 네 사랑은 나를 옭아매는 올가미였다구, 알아? 내가 얼마나 너 때문에 힘들어했는지……."

그녀는 그렇게 그의 곁을 떠나갔다.

그녀가 떠나고 난 후 그는 생각했다. 자신의 사랑이, 아니 자신이 사랑한다고 생각했던 것이, 그리고 그 방법들이 그녀에게는 견딜 수 없을 만큼의 고통이었다는 사실을. 자신은 그녀를 사랑한 것이 아니라 가지려고 했었다는 것을. 그리하여 그녀는 떠나갈 수밖에 없었다는 것을.

사랑은……
서로를 소유하거나 속박하려는 것이 아니라 서로의 존재를 있는 그대로 인정하고 존중해 주는 것이다.
지나친 소유욕은 사랑이라는 이름으로 상대방을 옭아매는 올가미에 지나지 않는다. 그물에 걸리지 않는 바람처럼 그렇게 사랑하는 법을 배워야겠다.

오랜 기다림의 끝

그는 그녀를 사랑했다.

오랜 기다림 끝에 찾아온 사랑이기에 그에게 있어 그녀는 목숨과도 같이 소중한 존재였다. 그의 사랑은 물빛처럼 투명하고 순수했다. 그녀와 같이 있을 수 있다는 사실 하나만으로도 그는 그저 행복할 뿐이었고 그녀 역시 그를 사랑한다고 굳게 믿고 있었다. 그러나 그녀는 그의 사랑만으로는 만족할 수 없었다. 가난한 그는 그녀의 세속적인 욕망을 충족시켜 줄 수가 없었기 때문이었다.

그녀는 그 아닌 다른 사람을 만나기 시작했다. 새로 만난 사람은 그녀의 물질적 욕망을 충족시켜 줄 수 있는 능력을 가진 남자였다. 그녀는 그와 또 다른 남자 사이에서 한동안 갈등을 했지만 자신에게 돌아오는 새 남자의 선물과 애정 공세에 마음 한 켠에 남아 있던 죄책감을 미련 없이 버렸다.

그녀는 그를 서서히 멀리하기 시작했고, 그는 괴로워했다. 그로서는 도무지 그녀가 멀어지는 이유를 알 수 없었다.

어느 날 그녀가 그에게 이별을 통보해 왔다.

"나… 이제 당신이 싫어졌어. 그만 만나."

"왜, 무엇 때문에?"

그녀는 그의 물음에 이렇게 대답했다.

"당신은 너무 가난해. 그리고 나의 바람을 만족시켜 줄 수 없잖아."

"하지만 난 당신을 사랑하는데?"

"사랑이 전부만은 아니잖아."

"아니야, 난 사랑이 내 생의 전부라고 생각해."

"그럼 평생 그 너절한 사랑 타령만 하고 살아 봐. 난 갈 거야."

그녀는 그의 간절한 만류에도 불구하고 매몰차게 그를 떠나갔다. 그녀가 떠나간 자리에는 그가 정성 들여 건네준 장미꽃다발이 그녀의 발길에 밟혀 뒹굴고 있었다. 돌아서서 멀어져 가는 그녀의 뒷모습을 바라보며 그는 나지막이 속삭였다.

"언제든 다시 내게로 돌아오길 기다릴게. 내 옆자리는 항상 너를 위해 비워두고 있을게… 사랑해…."

그를 떠난 그녀는 행복했다. 아니, 행복한 것처럼 보였다.

그 아닌 다른 남자는 그녀에게 많은 것을 해주었고, 그녀는 그것이 자신을 사랑해서라고 굳게 믿었다. 그 남자와 지내면서 그녀는 세상을 다 얻은 것처럼 느껴졌다. 그리고 이 행복이 영원히 계속되기를 바랐다. 그 행복감 속에 도취되어 그녀는 그를 점점 잊어갔다.

그녀의 모습을 항상 멀리서 바라보는 그의 마음은 찢어지는 것 같았다. 하지만 그녀가 행복해하는 모습을 보면서 자신이 못다 해준 것을 다른 사람을 통해 얻어서 행복해하는 그녀의 표정들을 바라보면 그녀의 행복을 빌어주었다.

그러나 그러한 행복도 잠시 그녀와 새 남자와의 사이는 시간이 흐를수록 군건해지는 것이 아니라 조금씩 소원해져 갔다. 알고 보니 그 남자는 그녀만을 사랑하는 것이 아니라 호감이 가는 여자들에게는 늘 그런 방식으로 접근해서 한동안 만나다가 싫증이 나면 과감하게 다른 여자에게로 가버리는 바람둥이였던 것이다. 그 사실을 알게 된 그녀는 놀랄 수밖에 없었다. 가난한 그를 떠난 이후로 이 행복이 영원하리라고 믿었는데 그녀 역시 새 남자에게는 별 의미도 없는 그런 여자에 불과했던 것이었다. 얼마간의 시간이 흐른 후 그녀 역시 그 남자에게서 버림을 받았다. 그녀는 그 남자에게 매달리며 애원을 해 봤지만 소용이 없었다. 그녀가 말했다.

"날 사랑한다고 했었잖아요."

"후후, 그 사랑이란 걸 믿어?"

"그럼 날 사랑하지 않았나요?"

"난 널 단 한 순간도 사랑한 적이 없어. 넌 다만 나를 스쳐 가는 그런 의미 없는 존재일 뿐이야. 그리고 난 이제 너에게 싫증이 났어. 가버려."

이렇게 매몰찬 한마디를 던지고 그는 그녀를 버리고 떠났다.

졸지에 버림을 받은 그녀는 그 자리에 쓰러져 한참을 울었다. 그리고 떠나간 그 남자의 모습 대신 자신이 버리고 떠나온 그의 모습이 떠올랐다.

'아, 그는 나를 정말 사랑하고 있었구나. 비록 가진 것은 없이 가난한 사람이었지만 그 마음만은 어느 누구도 나에게 줄 수 없을 만큼 큰 사랑을 내게 주었구나. 이제 어떡하나… 그를 볼 면목도 없는데……'

그녀가 그렇게 진저리나도록 싫어하며 떠나온 그가 사실은 이 세상 그 누구보다도 그녀를 아끼고 사랑한다는 사랑 이제야 깨달은 것이다. 그녀의 눈에서는 하염없는 후회의 눈물이 흘러내렸다. 그렇게 한참을 울고 있는데 포근히 자신의 어깨를 감싸오는 손길을 느꼈다. 눈물범벅인 얼굴을 들어보니 항상 그래왔던 것처럼 그가 자신의 어깨를 감싸안고 있었다. 그녀로 인해 지울 수 없는 상처를 받았던 그가 이제는 버림을 받은 그녀를 조용히 감싸안아 주고 있는 것이었다.

그는 말없이 고개만 끄덕이며 그녀를 바라보며 웃어 주었다.

"당신을 버리고 갔던 내가 밉지도 않나요."

"당신이 나를 떠나갔을 때 내 마음은 구멍이 뚫린 것처럼 아팠답니다. 하지만 당신이 행복해하는 모습을 지켜보면서 나는 늘 기뻐했어요."

"……"

"내가 예전에 말했던 것처럼 내 옆자리는 아직도 당신을 위해 비워뒀어요."

그는 더 이상 말을 계속할 수 없었다. 갑작스레 그녀가 그의 품으로 뛰어들었기에… 그는 알았다. 이제 그녀가 다시는 자신의 곁을 떠나지 않을 거란 걸.

그는 다시 한번 그녀의 가냘프고 여린 몸을 얼싸안으며 조용히 미소 지었다.

'사랑합니다…. 영원히…'

사랑은…… 서로의 허물까지도 덮어주고 사랑해 주는 것이다.

당신은 사랑하는 이의 허물로, 부족함으로 인하여 멀어져갔던 기억은 없는가……

외사랑

소년은 소녀를 사랑했다. 아니, 좋아했다고 해야 할 것이다.

아직 사랑이라는 감정을 몰랐던 시절, 그 풋풋한 사과 향기 같은 감정으로 소녀를 바라다보았다. 소년은 소녀를 볼 수 있는 것만으로도 좋았다. 소녀가 보이지 않는 날은 괜스레 우울해져서 하루 종일 멍하니 하늘만 바라보기도 하였다.

소녀는 소년에게 그런 소중한 존재였다.

시간은 흐르는 강물처럼 쉴 새 없이 흘러갔고 그 세월을 따라 소녀에 대한 사랑도 더 붉어져 갔다. 소년은 소녀를 향해 끊임없이 편지를 써 보냈다. 고등학교, 대학교, 군 생활을 하면서 그는 그녀에 대한 자신의 사랑을 절절히 글로 써서 보냈다. 그러나 그를 바라보는 그녀의 시선은 항상 저만치서 다가올 줄을 몰랐다. 그녀의 그런 모습을 보면서 그는 너무도 가슴이 아프고 힘들었다. 힘들어서, 너무 힘들어서 그녀를 놓아버릴까도 생각했지만 그럴수록 그녀에 대한 사랑은 깊어만 갔다.

시간이 흐르고 사회생활을 하면서도 그녀에 대한 그의 일편단심은 변할 줄을 몰랐다. 하지만 여전히 그녀는 그의 진실한 사랑을 받아들이지 못했다. 특별한 이유가 있었던 것은 아니었지만 그를 사랑으로 받아들이기는 부담스러웠던 것이다.

그러던 어느 날 그는 이런 생각을 하게 되었다.

'내가 정말로 그녀를 사랑하고 있었던 걸까… 내가 사랑이라고 생각했던 것이 그녀에게는 집착이 아니었을까. 그리고 나는 오랜 옛날, 유년 시절의 그녀를 사랑하고 있는 것은 아니었을까……'

이런 고민에 휩싸여 있던 그에게 다른 사랑이 찾아왔다. 또 다른 사랑은 그에게 그녀에게서 받을 수 없었던 따뜻한 사랑을 베풀어 주었다. 하지만 아직도 그는 그녀로 인해서 새로운 사랑에게 마음을 열지 못했다. 그것이 한없이 미안할 뿐이었다. 그리고 서서히 자신도 모르는 사이에 다른 사랑을 향해 열려가고 있는 자신의 모습을 발견했다. 그가 사랑했던 그녀는 이제 사라지고 없었다. 그저 아릿한 유년 시절의 옛 기억 속에서 순수하고 아름다웠던 모습으로만 남아 있을 뿐이었다. 그리고 그는 그녀에 대한 미련을 하나둘씩 버려갔다. 한편 자신을 귀찮게까지 하면서 쫓아다니던 그에게서 연락이 차츰 줄어들자 그녀는 의아한 생각이 들기 시작했다.

'왜 갑자기 연락이 뜸해진 거지. 내가 연락해 볼까… 아냐, 그건 내 자존심이 허락질 않아.'

이렇게 생각하면서 하루 이틀 지내다 보니 자연스럽게 그와의 기억조차도 가물거려졌다. 그러다 그녀는 다른 친지의 소개로 선을 보게 되었고, 서둘러서 결혼을 하게 되었다. 결혼을 앞두고 그녀는 많은 생각을 했다. 솔직히 그녀는 지금의 약혼자를 그리 사랑하지 않았다. 단지 그의 번듯한 직장과 배경이 자신의 삶을 안락하게 해줄 거라는 생각으로, 또 집안의 강요 비슷하게 결혼을 결정하게 되었던 것이다. 게다가 결혼할 사람은 그녀에게 그만큼 곰살맞게 대해주지 않았다.

그런 약혼자를 보면서 그녀는 기억 한구석에 처박아 두었던 그를 기억해 냈다.

그리고 자신도 모르게 그에게 전화를 했다.

"나야."

"……"

"나 얼마 안 있으면 결혼해."

"……"

"왜 말이 없어. 날 사랑한다고 했었잖아. 맘이 변한 거야. 그런 거야?"

"그래, 변했어. 이제 난 널 사랑하지 않아."

"뭐라구! 이 나쁜 놈아, 예전엔 나만 사랑한다더니. 영원히 지켜주겠다더니 모두 거짓말이었니?"

"아냐, 그때는 정말 너 하나만을 사랑하고 평생토록 지켜주고 싶었어. 하지만 네가 나에게 보여준 사랑이란 것이 과연 무엇이었나 한 번 생각해봐. 난 언제나 너만 바라보고 있었고 그런 나를 너는 항상 외면했었지. 혼자만의 사랑이란 것이 얼마나 힘들고 가슴 아픈지 너는 알기나 해?"

그녀의 하소연을 듣던 그의 목소리가 조금씩 커지기 시작했다.

"내가 어디에 있던지 나는 널 항상 내 가슴에 품고 살았어. 너에게 외면을 당해가면서도 나는 웃었어. 왜냐구? 네가 있다는 것 그 자체가 내겐 행복이었기 때문이야. 그런데 시간이 흐를수록 이건 아니라는 생각을 하게 됐어. 바라보아 주지 않는 사랑이란 무의미한 거야."

"하지만… 하지만…"

"너는 이제 마음에도 없는 결혼을 한다면서 나에게 왔어. 그건 아직도 내가 널 사랑하고 있을 거라는 생각 때문이었겠지. 이제는 아니야. 난 널 사랑하지 않아. 내가 사랑했던 것은 이미 먼 옛날의 기억일 뿐이야. 나도 이제는 날 사랑해 주는 사람에게로 가서 가슴 아픈 사랑 대신 기쁨과 환희에 찬 그런 사랑을 하고 싶어."

"그래도 네가 나에게 이럴 수는 없는 거잖아. 왜 한 번만이라도 내게 결혼을 하지 말라고 붙잡아 주지 않는 거야. 왜?"

"아까 말했잖아. 이제 더 이상 나 혼자만의 외사랑은 싫다고. 그리고 받아들여지지 않는 사랑을 하기엔 나도 지쳤어. 이제는 너의 자유로움으로 가."

말을 마치자 그는 뒤도 돌아보지 않고 그 자리를 떠나갔다. 홀로 남겨진 그녀는 그 자리에 주저앉아 하염없이 눈물을 흘렸다. 그토록 자신을 사랑하던 그를 떠나보낸 사람은 그가 아니라 바로 그녀 자신이었다는 것을 알았기 때문이었다.

외사랑은 슬픈 것입니다.

혹시 당신이 지금 다른 사람의 사랑을 받아들이지 못하고 있다면 고개를 돌려서 그 사람을 보아주십시오. 그 사람은 손 내밀면 닿을 만큼 가까운 곳에서 당신을 지켜보면서 가슴 아파하고 있을 겁니다.

사랑은…… 혼자 보기가 아니라 마주보기입니다.

절름발이 사랑

그는 누가 봐도 나무랄 데 없는 일등 신랑감이었다.

젊은 나이임에도 불구하고 사업가로서의 명성을 날리고 있었고 외모 또한 배우 못지않게 준수한 사람이었다. 그런데 이상하게도 그는 혼기가 무르익었음에도 결혼을 하지 않았다. 주위 사람들이 왜 결혼을 하지 않느냐고 물어보면 그냥 웃어넘기면서 "좋은 사람을 아직 만나지 못해서…"라며 말끝을 흐리곤 했다.

보다 못한 친지들이 나서서 그의 결혼을 주선하기 시작했다.

적지 않은 수의 여자들과 맞선을 보았지만 이상하게도 그는 번번이 퇴짜를 맞는 것이었다. 그런데 더 이상한 것은 퇴짜를 맞고 난 후의 그의 태도였다. 다른 사람들 같으면 퇴짜를 맞았다고 불쾌해할 텐데 그는 오히려 싱글거리며 웃는 것이었다.

"아니 그 조건에, 그 외모에 뭐가 부족한 게 있다고 번번이 퇴짜를 맞는담 그래."

주위 사람들이 혀를 끌끌 차면서 이상하다고 했지만 그의 태도는 변함이 없었다.

그러던 어느 날, 회사 회의 시간에 그가 오늘 깜짝 발표를 하겠다고 했다. 회의 내내 사람들은 그가 도대체 무슨 말을 하려는 가에 대해 촉각을 곤두세웠다. 이윽고 회의가 끝나고 그가 말할 순간이 다가왔다. 웅성거리는 사람들을 찬찬히 훑어본 그는 나직하게 이야기를 시작했다.

"제게 드디어 평생을 같이할 반려자가 생겼습니다."

그의 말을 듣는 순간 한동안 사람들은 입을 다물지 못했다. 번번이 퇴짜를 맞기만 하던 그가 드디어 신붓감을 구했다는 거였다. 놀람도 잠시 모든 사람들은 자리에서 일어나서 그의 결혼 발표를 진심으로 축하하며 박수를 쳤다. 우레와 같은 박수 소리에 그는 잠시 얼굴을 붉혔지만 이내 예의 그 잔잔한 표정으로 돌아갔다.

한 사람이 물었다.

"지금까지 선을 보면서 퇴짜를 맞은 이유는 뭡니까? 그리고 이번에 만난 사람과는 왜 결혼을 결심하게 됐나요?"

그는 질문을 던진 사람을 보면서 잠시 웃더니 조용하면서도 기쁨에 찬 어투로 지난 몇 달간의 이야기를 시작했다.

그가 만났던 여자들은 대부분이 그의 인간 됨됨이를 보고서 맞선 장소에 나오는 것이 아니라 그의 부와 명예에 관심을 가지고 나온 여자들이 대부분이었다. 그래서 그는 그 여자들을 한 번 시험해 보기로 작정했다. 그래서 맞선 장소에 항상 일찍 나가서 여자들을 기다렸다. 그리고 그 자리에 나온 여자들과 이야기를 나누다가 의도적으로 자리를 옮길 것을 제안했고, 그 자리에서 다리를 저는 것처럼 행동했었다. 그랬더니 대부분의 여자들이 안색이 변하면서 주변의 눈치를 살피는 것이었다. 그런 여자들은 백이면 백 전부 다가 첫 만남 이후로 연락을 끊었고, 그 또한 퇴짜를 맞았음에도 불구하고 기분이 상하지 않았다. 평생을 같이 살 사람인데 상대방의 불편함 정도는 너그럽게 이해해 줄 수 있는 그런 여자를 바랐기 때문이다. 그러나 그런 일이 한동안 지속되자 그는 서서히 그 일에도 싫증이 났고 심지어는 결혼을 꼭 해야만 하나 하는 생각마저 들었다.

그 후로 그는 주변의 권유에도 좀처럼 선을 보러 나가지 않았다. 그리고 한 친구가 간곡히 부탁하는 바람에 못 이기는 척하고 맞선 장소에 나갔다. 그 자리에 나온 여자는 그리 미인은 아니었지만 그가 예전에 만났던 여자들처럼 경박스럽거나 자신의 배경에만 관심이 있는 여자가 아니었다. 첫눈에 그녀에게 호감을 가지게 된 그는 이제 마지막이다 싶은 생각으로 그녀를 시험해 보기로 했다. 그래서 예전에 그랬던 것처럼 한참 이야기를 나누다가 자리를 옮기자고 했다. 그리고 먼저 자리에서 일어나 나가면서 그녀의 눈치를 살폈다. 그녀 역시 처음에는 그의 절름거리는 걸음걸이에 놀라는 눈치였지만 이내 표정을 가라앉히고 그를 따라 나왔다. 그를 따라나서는 그녀의 표정에는 주변을 의식하거나 부끄러워하는 기색이라고는 전혀 찾아볼 수 없었다. 그가 계단을 힘겹게 내려가는 모습을 본 그녀는 조용히 그의 곁으로 다가와 팔짱을 끼고서 그의 걸음걸이를 도왔다. 그를 부축하는 그녀의 눈에는 진정으로 그에게 호감과 배려를 가지고 있음이 묻어났.

자리를 옮긴 그는 그녀에게 물었다.

"당신은 나의 절름발이가 부끄럽지 않았나요?"

그의 질문에 그녀는 잔잔하게 미소를 지으며 대답했다.

"저 역시 처음에 당신이 불편한 걸음걸이로 가는 것을 보고 놀랐답니다. 하지만 이내 마음을 바꿔 먹게 됐지요."

"왜죠?"

"……후후……그건, 당신의 눈동자가 너무나도 선해 보였기 때문이랍니다. 그 선한 눈동자를 보는 순간 당신의 그 불구인 몸조차도 아름다워 보였습니다."

그는 온 전신을 울리는 전율감에 몸을 떨었다.

그녀다!!!

그가 그렇게 기다리던 그녀가 지금 그의 눈앞에 나타난 것이다.

"그리고, 당신의 재산이나 명예보다는 이야기를 나눌수록 당신의 그 마음에 끌리게 됐고, 또 당신과 같은 사람이라면 평생을 곁에서 지팡이가 되어 주어도 좋을 사람이라는 확신이 생겼기 때문입니다. 당신의 불구는 눈에 보이는 장애일 뿐 저는 당신의 그 맑은 영혼을 사랑합니다. 할 수 있다면 그런 당신을 위해 제가 당신의 그 불편한 한쪽 다리가 되어 드리고 싶습니다."

그 말을 마치기가 무섭게 그는 그녀를 향해 외쳤다.

"자, 나를 보세요."

그의 말에 따라 그를 바라보던 그녀의 두 눈이 휘둥그레졌다.

절름거리며 걷던 그의 걸음걸이가 어느새 정상인의 그것과 같지 않은가. 그녀는 경악을 금치 못했다. 그리고 잔잔하게 미소 짓는 그를 바라보며 할 말을 잃고 말았다.

"아니, 당… 신… 은……"

"네, 맞습니다. 저는 불구가 아니랍니다. 제가 상대방을 떠보기 위해서 잠시 연극을 했던 거랍니다. 언짢으셨다면 사과드릴게요."

"왜죠?"

"저는 저와 결혼하려고 나오는 여자들이 저 자신보다는 제가 가진 부와 명예에 더 관심을 많이 가지고 있다는 걸 알았습니다. 그런 여자들은 대부분이, 아니 전부가 저의 걸음걸이를 보고 난 후에는 그제까지의 태도를 바꾸고 퇴짜를 놓기 일쑤였지요. 저는 그런 여자들을 바라보면서 서글펐습니다. 정녕 이 세상에서 나의 재산이나 명예가 아닌 나 자신을 사랑해 주고 평생을 같이 살아줄 그런 사람은 없는가 싶어서였습니다. 그래서 작은 시험을 하게 됐던 거죠. 당신은 이제껏 제가 만나온 어떤 여자들보다도 맑고 순수한 영혼을 가진 사람입니다. 당신이 나와 같이 평생을 함께 할 기회를 주신다면 나 또한 당신이 아까 저를 부축해 주었던 것처럼 당신과 서로 의지하면서 살아가고 싶습니다. 허락해 주시겠습니까?"

그의 조용하면서도 솔직한 고백에 그녀의 맑은 두 눈에서는 투명한 눈물이 흘렀다.

그리고 울먹이는 목소리로 대답했다.

"당신을 평생 존경하고 사랑하면서 살아가겠습니다……"

누가 먼저랄 것도 없이 그와 그녀는 서로를 부둥켜안았다. 부둥켜안은 두 사람의 가슴을 타고서 따뜻한 천상의 온기가 퍼져 나가고 있었다.

그의 이야기가 끝나자 주위는 숙연해졌다.

그리고 잠시 후, 그를 바라보면 사람들이 하나둘씩 일어서더니 기립박수를 보내는 것이었다. 그는 직장 동료들의 박수 소리를 들으며 미소 지었다. 그리고 옆자리를 향해 손짓을 하자 그가 애타게도 기다려 왔던 그의 피앙세가 다소곳한 미소를 지으며 사람들 앞으로 걸어 나왔.

"이 사람이 제가 오랜 기다림의 끝에서 만난 평생의 반려자입니다. 저는 다시 한번 여러분들 앞에서, 여러분들을 증인으로 이 사람과의 영원한 사랑을 서약합니다."

그리고 그녀를 그의 품 가득 껴안았다.

우레와 같은 박수 소리 속에 두 사람은 돌이라도 된 것처럼 떨어질 줄을 몰랐다.

사랑은……

사랑하는 사람의 아픔까지도 보듬고 사랑할 수 있어야 한다.

또한 그 사람의 부나 명예가 아닌 순수하고 맑은 영혼의 눈으로 보고, 영혼의 느낌으로 사랑해야 한다.

육체적인 불구는 살아감에 있어 다소간의 불편함이겠지만 진정한 사랑이란 육체가 아닌 맑고 순수한 영혼으로 사랑하는 것이다.

처음 그 느낌처럼…

그는 그녀를 사랑했다.

그리고 두 사람은 많은 사람들의 축복 속에 결혼을 했다.

시간은 흐르고 두 사람의 사이에는 예쁜 아이들도 생겨났다. 그러나 언제부터인가 두 사람 사이에는 보이지 않는 벽이 생기고 있었다. 그리고 조금씩 다툴 때도 생기고, 서로에게 상처를 주는 말까지도 서슴지 않고 하게 되었다.

그날도 두 사람은 사소한 문제를 가지고 말다툼을 했다. 그러다 참지 못한 그는 아내에게 헤어지자는 말을 하고 홧김에 집을 나와 버렸다. 집을 나온 그는 거리를 한참이나 헤매다가 어느 포장마차로 들어갔다. 포장마차에 앉아 세상 시름을 술로 잊어버리려고 했지만 마음대로 되지가 않았다. 혼자서 그렇게 술잔을 기울이고 있는데 누군가 곁에 다가와서 앉는 것을 느꼈다. 고개를 돌려보니 한동네에 사는 친구였다.

친구와 마주 앉아 권커니 자커니 하던 그는 한참 술이 오른 후에 친구에게 자신의 마음을 털어놓기 시작했다.

"내가 집사람을 만나 처음 사랑을 할 때는 세상 그 누구보다도 집사람이 아름다웠다네. 집사람 이외에는 다른 것은 생각할 수조차 없었지. 그런데 결혼을 하고 아이가 생기고 시간이 흐르다 보니 사랑과 현실은 엄연히 다르다는 걸 알게 됐지. 그러다 보니 자연히 사소한 일로도 다투는 일이 많아졌고, 오늘은 급기야 헤어지자는 말을 던지고 집을 나와 버렸다네. 휴~"

그의 이야기를 옆에서 조용히 듣고 있던 친구가 말했다.

"사람이 서로 사랑을 한다는 것은 참 아름다운 거라네. 그리고 그 사랑의 결실이 결혼이라면 더더욱 좋은 것이지. 하지만 사랑을 한다는 것과 결혼을 해서 같이 살아간다는 것은 조금 다른 것 같군. 살다 보면 생활고에 시달릴 때도 있고, 아이들을 기르면서 마음이 아플 때도 있고, 그러다 보면 자연히 부부싸움도 하게 마련이네. 하지만 말이야. 부부싸움을 하기 전에 이런 생각을 한번 해보면 어떨까 싶네."

"어떤 생각?"

"자네와 부인이 처음 만나서 사랑을 느끼던 그 순간을 떠올려 보는 거네. 자네는 부인을 진정 사랑했기 때문에 결혼까지도 결심하게 되었던 것이 아닌가?"

"그렇지."

"그렇다면 결혼하기 전 사랑하던 시절에 두 사람이 사소한 것으로 다투곤 했던가?"

"아니지. 그녀랑 같이 있는 것만으로도 세상을 다 얻은 것 같은데 왜 다툴 일이 있겠나."

"그것 보게. 그때는 그녀가 세상의 전부라고 이야기하면서 지금은 왜 그때의 마음을 잊어버린 겐가. 자네가 부인과 처음 만나 사랑하던 때의 그 감정을, 그 설레임을 지금도 기억한다면 결코 다투거나 서로에게 상처

주는 말들은 결코 할 수 없을 걸세. 무슨 말인지 알겠나."

친구의 말을 듣는 순간 그는 가슴 한구석이 아릿하게 아려오는 것을 느낄 수 있었다. 어느새인가 취기는 싹 가셔버리고 오직 아내에게 미안하다는 생각만 머릿속에 맴돌고 있었다. 그는 친구에게 먼저 간다는 말을 남기고 자리에서 일어났다. 돌아서서 가는 그의 등 뒤로 친구의 말이 들려왔다.

"집에 들어가는 길이라면 장미꽃이라도 한 송이 사서 들어가게. 허허허"

집으로 돌아가는 그의 발걸음은 바빴다. 걸음을 옮기면서 속으로 되뇌었다.

'처음 만나던 때의 그 설레임이라…… 처음 만나던 때의.'

그제서야 그는 아내에게 얼마나 많은 상처를 주어 왔던가를 깨달을 수 있었다. 그리고 세상살이에 지쳐서 그 첫 설렘을 까마득하게 잊고 있었던 자신이 한없이 한심했다. 집으로 가는 그의 머릿속으로 젊은 날 아름다웠던 아내의 모습과 지금의 세월에 찌들고 피곤에 지친 아내의 모습이 겹쳐졌다.

'미안해…… 지금부터라도 처음 만나던 때의 그 사랑만 기억하고 간직할게. 사랑해……'

영원한 사랑이란…… 첫 만남의 그 설레임을 기억하는 것이다.
삶에 지쳐가는 당신, 첫사랑의 그 설레임을 기억하는가……

핏빛 사랑의 노래……

한 남자와 한 여자가 있었다.

남자는 여자를 사랑했고 그가 가진 전부를 그녀에게 주려고 했다.

그러나 여자는 남자의 그 사랑만으로는 만족할 수가 없었다. 끊임없이 남자에게 무언가를 요구하였고, 남자는 사랑하는 그녀를 위해서라면 어떠한 고통이 다가와도 기쁨으로 묵묵히 감내하며 그녀의 소원을 들어주려고 하였다. 그러다 잘 되지 않으면 그녀보다도 더 가슴 아파하는 것이었다. 주위에서는 그런 남자를 바보 같다고 손가락질했지만 남자는 그녀의 행복한 모습을 보는 것만으로도 이 세상의 가장 큰 기쁨이라고 생각했다.

그러나 그녀의 욕망은 더더욱 커져갔고 급기야는 남자에게 이렇게 말했다.

"나를 정말로 사랑한다면 네 심장을 꺼내서 보여줘."라고.

남자는 순간 망설였다.

그녀에게 심장을 꺼내 보여주는 것은 어렵지 않으나 만약 그렇게 되면 자신은 죽게 되고 다시는 그녀를 볼 수 없을 것 같아서였다. 하지만 그러한 망설임도 잠시 남자는 그녀의 앞에서 자신의 가슴을 갈라 그녀를 향해 뜨겁게 뛰고 있는 심장을 보여주었다.

그리고 식어가는 맥박을 접으며 그녀에게 이렇게 말했다.

"이것이 내가 당신에게 보여줄 수 있는 마지막 사랑입니다. 그리고 내가 슬픈 것은 내가 죽는다는 사실이 아니라 내가 죽고 없으면 당신을 사랑해 줄 사람이 없을까 봐서입니다."

그러나 그녀는 죽어가는 그를 위해 단 한 방울의 눈물조차도 흘리지 않았다. 자신을 향한 남자의 사랑은 당연한 것으로 여기며 살아왔기 때문이었다.

남자는 늘 줄 줄만 알았고 여자는 항상 그 남자의 베풂에 익숙해져서 남자가 그녀를 얼마나 사랑했는지를 알지 못했던 것이다.

남자가 죽은 후 그녀는 이유 없이 마음속 한 곳이 텅 비어 있는 듯한 느낌을 받았다. 자신도 모르는 사이에 그 남자의 존재가 그녀의 마음속 깊이 자리하고 있었던 것이다. 그리고 다시는 그 남자와 같이 그녀를 목숨처럼 사랑해 주는 사람은 나타나지 않았다.

사람들도 그녀를 멀리하기 시작했다. 사람들의 냉대와 외면을 견디다 못한 그녀는 외따로이 떨어진 곳에서 혼자 살았다. 그녀는 사람들에게서 서서히 잊혀 갔고 그녀 또한 세상의 냉대가 너무도 힘들었다.

어느 석양 무렵, 그녀는 창가에 혼자 앉아 있다가 이런 생각을 했다.

'왜 사람들은 나를 멀리하고 외면하기만 하는 것일까…'

이런 생각에 몰두해 있을 때 어디선가 알 수 없는 목소리가 들려왔다.

'그건 다른 사람의 사랑을 제대로 알지 못하는 당신 탓입니다.'

'뭐라구?, 넌 누구지?'

'난 당신의 심장입니다. 당신을 이 세상에서 가장 사랑했던 그를 마지막까지 당신은 냉정하게 대했지요. 당신이 그의 심장을 요구하던 날 당신의 심장은 차갑게 식어버렸답니다. 그리고 당신 또한 그 누구에게도 사랑을 받을 수 없게 되어버렸지요. 그 사람은 당신의 처음이자 마지막 사랑이었습니다. 하지만 당신은 그걸 깨닫지 못하고 너무나도 모질게 그를 떠나보냈지요. 남을 사랑할 줄 모르는 당신, 무조건 받으려고만 하는 당신은 사랑받을 자격이 없는 사람입니다.'

자신의 심장이 말하는 소리를 듣고서 그제서야 그녀는 그가 얼마나 그녀를 사랑했었나를 깨달을 수 있었다. 하지만 이미 그는 그녀의 곁에서 영영 떠나버렸고 다시는 볼 수도 없었다. 그의 참사랑을 깨닫는 순간 그녀의 두 눈에는 주체할 수 없는 눈물이 흐르고, 가슴 깊숙한 곳에서 '쨍'하는 소리와 함께 그녀의 체온도 서서히 식어가고 있었다……

차갑게 식어가는 그녀의 눈가로 그녀를 목숨처럼 사랑했던 그 남자의 슬픈 영상이 어리고 있었다.

사랑은…… 서로에게 요구하기보다는 주고받을 수 있을 때 가장 값진 것이다.

당신은 지금 사랑하는 사람에게 항상 받으려고만 하는 것은 아닌지……

탑을 불태운 간절한 사랑

우리의 고전 설화집인 〈수이전(殊異傳)〉에는 한 여인을 죽도록 사모하였으나 신분의 벽을 넘지 못하고 죽어서 원귀가 된 가엾은 사내의 이야기가 전해온다. 엄격한 신분제도에 의해 국가가 운영되던 시대, 뛰어넘을 수 없는 신분의 벽과 가슴 아린 외사랑으로 인해 미쳐버리고 결국에는 가슴 속에서 불이 일어나 자신을 태우고 말았던 한 사내, '지귀'의 핏빛 사랑 이야기이다.

신라 선덕여왕 때 활리역에 지귀라는 젊은이가 있었다. 하루는 서라벌에 나왔다가 지나가는 선덕여왕을 보고 한눈에 여왕을 사모하게 되었다. 선덕여왕은 진평왕의 맏딸로 성품이 인자하고 지혜로울 뿐 아니라 용모도 빼어나 모든 백성들에게 사랑을 받았다. 그래서 여왕이 한 번 행차를 하면 모든 사람들이 여왕을 보려고 거리를 메웠다. 지귀도 그런 사람들 틈에서 여왕을 한 번 본 뒤에는 여왕이 너무 아름다워 혼자서 여왕을 사모하게 되었다. 그뿐만 아니라 그는 잠도 자지 않고 밥도 먹지 않으며 정신이 나간 사람처럼 선덕여왕을 부르다가 그만 미치고 말았다.

"아름다운 여왕이여, 나의 사랑하는 여왕이여!"

지귀는 거리로 나가 이렇게 외쳐대며 뛰어다녔다. 이를 본 관리들이 행여 여왕이 들을세라 지귀를 붙잡아다 매질도 하고 야단도 쳐 보았지만 소용이 없었다.

어느 날 여왕이 분향을 위해 절로 행차를 하게 됐는데 골목에서 지귀가 선덕여왕을 부르며 나오다가 사람들에게 붙들려서 곤욕을 치르고 있었다. 이를 본 여왕이 관리에게 물었다.

"무슨 일이길래 이렇게 소란하느냐?"

"지귀라는 광인이 여왕님을 사모하여 뵙게 해달라고 소란을 피우고 있다합니다."

"고마운 일이로구나. 저 지귀라는 이를 행차의 말미에 따르도록 하여라."

"하지만 여왕 마마, 행여 저이에게 봉변이라도 당하시면……"

"그래도 사랑하는 내 백성이 아니더냐. 어서 시행하라."

여왕의 분부를 들은 지귀는 너무나 기뻐서 춤을 덩실덩실 추며 여왕의 행차 뒤를 따라갔다.

절에 다다른 여왕은 부처님께 불공을 올리는 동안 지귀는 절 앞 뜨락의 탑 아래 앉아서 여왕이 불공을 마치고 나오기만을 기다렸다. 그러나 여왕은 좀처럼 나오질 않았고, 시간이 흐를수록 심신이 쇠약해질 대로 쇠약해진 지귀는 안타까운 마음에 발만 동동 구르다 그만 탑 아래서 잠이 들고 말았다.

얼마 후 여왕이 불공을 마치고 나오다가 탑 아래서 잠들어 있는 지귀를 보았다. 주위의 사람들이 지귀를 흔들어 깨우려고 했으나 여왕은 조용히 손을 들어 만류했다. 그리고 피곤에 지쳐 잠이 든 지귀의 얼굴은 한참동안이나 물끄러미 바라보던 여왕은 자신의 팔복에 끼고 있던 팔찌를 풀어 지귀의 가슴 위에 살며시 내려놓은 다음 잔잔한 미소를 띠며 발길을 돌렸다.

여왕이 떠나고 난 후 비로소 잠이 깬 지귀는 자신의 가슴 위에 놓여있는 찬연한 빛깔의 팔찌를 보고서 깜짝 놀랐다. 그리고 여왕이 남기고 간 팔찌를 마치 여왕이라도 되는 듯 가슴에 꼭 안았다. 여왕의 팔찌를 가슴에 안고 있던 지귀는 자신 가슴 속에서 무언가 모를 뜨거운 기운이 솟아나는 것을 느꼈다.

'아, 사랑하는 여왕이시여!'

'이 미천한 백성에게 자비하신 은정을 베풀어 주셔서 감사합니다. 허나 저는 당신을 너무나 사랑합니다. 사랑합니다……'

여왕의 팔찌를 얻었다는 기쁨보다 영히 여왕을 가슴 속으로만 사랑할 수밖에 없는 자신의 신분과 운명이 너무도 안타까웠다. 그러한 기쁨과 슬픔이 교차하면서 지귀의 가슴은 활활 타올랐다. 그 불꽃이 불덩어리가 되는 듯하더니 이내 숨이 막혀왔다.

'아아, 나의 여왕이시여! 나의 여왕이시여!'

어느새 가슴속에서 일어나던 불길이 몸 밖으로 터져 나와 지귀의 몸을 시뻘건 불덩어리로 만들고 말았다. 처음에는 가슴으로 불길이 번지더니 이내 팔다리로 옮겨붙어 마치 기름을 부어놓은 것처럼 활활 타올랐다. 불길 휩싸인 지귀는 마지막 힘을 다하여 탑을 잡고 일어서는 순간 그의 손길을 타고 불길이 탑으로 옮겨붙었다. 지귀는 사그라드는 그의 육신을 부여잡고서 멀리 사라져 가는 여왕의 뒤를 따라가려고 허우적거렸지만 어찌할 수가 없었다. 그런 지귀의 발걸음을 따라 그의 몸에서 나온 불기운이

온 서라벌에 퍼져서 불바다가 되었다.

이런 일이 있은 후부터 지귀는 불귀신이 되어 온 세상을 떠돌아다니게 되었다. 사람들은 불귀신을 두려워하기는 하였으나 어찌해 볼 도리가 없어서 급기야는 여왕에게까지 하소연을 하게 되었다.

여왕은 고민에 빠졌다.

'이 일을 어찌한다… 지귀라는 이가 원귀가 되어 구천을 헤매는 것도 어찌 보면 나의 불찰일 터… 이 일을 어찌한다.'

한동안 고민하던 여왕은 드디어 불귀신을 쫓는 주문을 지어 백성들에게 주었다.

「지귀의 마음에 불이 제 몸을 태워 불귀신이 되었으매 마땅히 창해 밖에 추방하여 이제 다시 돌아보지 않겠노라.」

백성들은 여왕이 지어준 주문을 써서 대문 앞에 붙였다. 그 일이 있은 후부터 여왕의 주문이 적힌 집에는 지귀의 불귀신이 범접하지 못하였다 한다. 이는 지귀의 불귀신이 오로지 죽어서도 사모하는 선덕여왕의 뜻만을 따기 때문이라 한다.

지귀라는 사내는 정말 지고지순한 사랑의 화신이었다. 하지만 신분제도라는 사회적인 벽에 가로막혀 자신의 사랑을 이루지 못하고 한 줌 불길로 사라지고 말았다. 어찌 보면 지귀의 과욕 때문에 생겨난 일이라고 할 수도 있으나, 한 나라의 지고의 존재인 여왕을 감히 사랑하고 또 그 사랑으로 인하여 광인이 되어 버린 슬픈 사내의 이야기는 수천 년의 세월을 뛰어넘은 지금도 한 폭의 아름다운 그림을 연상시키듯 가슴 한 켠에 잔잔히 묻어온다.

헤어짐에 너무도 익숙한 우리의 삶, 한 번쯤은 지귀의 그 목숨마저도 던져버릴 수 있었던 절대적 사랑을 가슴 속에 되새겨 보는 건 어떨지……

사랑은……

혼자서 바라볼 줄도 알아야 하는 것이다.

혼자서 사랑하는 것은 힘들고 괴로운 일이지만 그 힘든 사랑마저도 곁에서 잔잔하게 웃으며 바라봐줄 수 있는 넉넉한 바라보기… 그것이 사랑이다.

글을 닫으며

짧지 않은 세월을 둘이서 하나 된 삶으로
살아왔고, 살고 있고, 살아갈 것입니다.

우연처럼 만나 운명으로 엮이고, 닮아가며 살아온
그 시간을 되돌아보고
더 단단하고 더 속정 깊어가는 세월 속에
여전히 두 손 꼭 잡고 같은 곳을 바라보고,
옆자리를 든든히 지켜주는 길벗, 삶벗의 눈을 바라보며
살아가려고 합니다.
그러한 시간이 쌓이고, 쌓여
우리 두 사람이 함께 걷는 반려의 길은
더 단단하고, 더 아름다울 것임을 확신합니다.

그리고 여전히 제 사랑 노래는
퍼 올려도 퍼 올려도 마르지 않는 영혼의 샘물처럼
끊임없이 불리고 불러
또 한 편의 아름답고 영원한 사랑 노래로 남아

삶의 한 페이지를 빼곡하게 채워 갈 것입니다.

제게 사랑은 여전히 '현재진행형'이며,
평생 안고 가야 할 삶의 화두입니다.

나의 오래된 사랑 노래는 지금부터 다시 시작합니다……

2025년 10월 결혼 25주년을 맞아

이 책을 제가 존경하고 사랑하는 아내,
임명희에게 바칩니다.